ちくま新書

「ひきこもり」か

―〈聴く〉から始める支援論

石川良子
Ishikawa Ryoko

1611

「ひきこもり」から考える――〈聴く〉から始める支援論【目次】

二つの「はじめに」

†一つ目の「はじめに」

本書は支援のあり方について、〈聴く〉ということに焦点を当てて考えようとするものです。支援を論じるにあたって〈聴くこと〉を切り口に選んだのは、それが〈生〉を支えるという支援の根幹に深く結びついていると考えるからです。

支援とはある人の抱えている苦悩や困難を軽減したり、解決したりするのを助けていく営みですが、もっと根本的に言えば、その人の〈生〉を支えるということではないでしょうか。ここで言う〈生〉とは、人生、生活、暮らし、生命、そして、生きていくうえでどうしても譲れないもの、生きることや自分という存在への意味づけ、世界観など、それら全てをひっくるめたものです。

支援を必要とするとき、人はなんらかのかたちで〈生〉が揺らいでいると考えられます。そのような状態にあるときは、ただ自分の話に耳を傾けてもらうだけで安らぎを覚えるものです。また、話を聴いてもらっているうちに今後の方向性が見えてきたり、新たな気づきが得られたりすることもあります。そういう経験を皆さんも持っていませんか？　相手の声をきちんと〈聴く〉ことは、それ自体が支援になりえます。本書では、こうしたことを「ひきこもり」を通して掘り下げていきます。

ただし、私の立場は「研究者」です。「ひきこもり」に関わるようになってもう二〇年くらい経ちますが、支援者として活動したことは一切ありません。ですが、私がやってきたことの中核を成しているのもまた、当事者の声を〈聴く〉ことです。自助グループや支援団体などに当事者として参加している方々に伺ったお話をもとに、当事者にとってひきこもるとはどういう経験なのか、「ひきこもり」から回復するとはどういうことなのかを明らかにしようとしてきました。そこではまた、ひきこもっている期間やその前後だけを切り取るのではなく、その人の〈生〉を全体的に捉えるように努めてきました。

私は支援のために皆さんのお話を伺ってきたわけではありません。にもかかわらず、インタビューの最後にお礼を言われたことが何度かあります。「いま目の前にいるこの人がなぜひきこもったのか」「ひきこもるなかでどういう思いをしてきたのか」「苦境をどのように切り抜けようとしてきたのか」「人生に何を求めているのか」――こちらはそういったことを知りたくて質問を重ねていただけなのに、なぜかお礼を言われてしまうのです。

はじめのうちは不思議でしたが、徐々に「こういうことなのかな？」というのが見えてきました。すなわち、こちらの意図や目的が何であれ相手の話にひたすら耳を傾けることが、ときとして大きな助けになるということです。逆に言えば、私にお礼を言ってくれた人たちは自分の話をきちんと聴いてもらえず、自らの〈生〉を受け止めてもらえないことに苦しんでいたのではないでしょうか。その人に必要な支援サービスを提供したり、アドバイスをしたりすることを目的としていたわけではなく、話を聴くこと自体を目的とするインタビューだから良かったのかもしれません。

こうした経験から、人の話を〈聴く〉ということを介して、様々な現場で支援に携わっている方々と接点を持つことができるのではないかと考えるようになりました。また、子どもがひきこもっている親御さんとも数多く出会い、自分の子どもが何を考えているのか分からない、どうやってコミュニケーションを取ったらよいのか分からないといった悩みや嘆きにも触れてきました。一方、第二章で詳しく振り返るとおり、かつて私にとって「ひきこもり」の当事者たちは不可解な存在であり、そういう相手とどう向き合えばよいのか私も考え続けてきました。立場は全く違うものの、そうした経験はひきこもる子どもとの関係に思い悩む親御さんたちの経験とも、ほんの少しですが重なるところがあるように感じます。

なお、本書はあくまで「支援論」であって、「支援マニュアル」ではありません。つまり、「こうすれば支援はうまくいく」といったアドバイスを行なうのではなく、「支援がうまくいく」とはどういうことなのか、そもそも「支援」とは何なのかといったことを掘り下げようとするものです。ひょっとしたら、現場で日々支援にあたっている方々からは「こんなのはきれいごとだ」と一蹴されてしまうかもしれません。待ったなしの現場で支援についてじっくり考えることは難しく、理屈で割り切れないことも多々あるだろうと思います。しかし、だからと言って「考えている余裕がない」と「考える必要がない」は、イコールではないはずです。私は支援者ではありません。ですが、だからこそ距離を取って支援についてあれこれ考えることはできます。

本文に入る前に、もうひとつ確認しておきたいことがあります。それは、支援は「支援する側」と「支援される側」の双方がいて初めて成り立つとはいえ、それでも起点は「支援される側」であるべきだ、ということです。周りからはとても困っているように見えていても、その人の意思に関係なく何かしてあげようとすることは、単なるお節介に過ぎません。また、本人が支援されることを求めたとしても、「支援する側」の信じる正しさや望ましさにのみ基づいてその人を動かそうとしたり、何かを与えようとしたりするのであれば、それは善意の押し売りでしかありません。「支援する側」にもする側なりの正しさや望ましさがあるのは当然ですが、「支援される側」のそれを飛び越えたり、抑圧したりするようなことはあってはならないと思います。

一方、「支援する側」ならではの悩みや苦しみも当然あるでしょう。たとえば、「支援してあげる」という優位な立場に立つのを避けようとするあまり、極端に自己犠牲的になってしまうこと。また、「支援される側」から不当なことを言われたり、怒りや苛立ちなどの感情を一方的にぶつけられたりしても、自分は支援者なのだから全てを受け入れなければいけない、でも、それがどうしてもできないという葛藤などなど。非常に悩ましい問題です。ただ、こうした悩みが生じてしまうのは、「支援される側」が固有の〈生〉を背負った唯一無二の存在であるのと同じように、「支援する側」もまたそのような存在であるという視点が弱いからなのではないか、という気がします。「支援する側」に立った人と「支援される側」に立った人の双方が、お互いをそうした存在として認め、尊重し合うことができたら、「支援してあげる／支援してもらう」とは違った関係を築いていけるように思うのです。

このことを別の言葉で表現しなおすならば、次のような問題意識になります。一方の

〈生〉が他方のそれを圧倒することなく、フラットにつきあっていくには、どうすればよいのでしょうか。これは支援の領域に限られた問題ではありません。「ひきこもり」に関わってきて思うのは、結局のところ調査であれ支援であれ、全ては生身の人間同士の付き合いであるということです。自分とは異なる人生を歩み、異なる価値観を培ってきた相手と、どのように向き合っていけばよいのでしょうか。本書では支援というテーマを入口にして、こうした普遍的な問いにも取り組みたいと思っています。

†二つ目の「はじめに」

二〇一九年五月二八日、神奈川県川崎市の小田急線登戸駅周辺で、五一歳の男性が刃物で多くの人に怪我を負わせ、そのうち二人が死亡、さらに本人も自らの首を刺して死亡するという凄惨な事件が起きた。容疑者は「ひきこもり傾向」にあったと報じられ、ネット上では一気に「ひきこもり」に対する非難の声が広まった。それから数日後、今度は練馬区に住む七〇代の男性が、ひきこもっていた息子を刺殺するという事件が起きた。報道によれば、自分の息子も川崎事件の容疑者のように多くの人たちに危害を加えることを恐れて犯行に及んだのだという。

ひきこもり状態にある全ての人が罪を犯すわけでは当然ない。また、ひきこもり状態にある人が犯罪者予備軍であるという見方も間違っている。私たちの誰もが罪を犯す可能性があるのと同じように、かれらもまたその可能性を持っているというだけに過ぎない。しかし、その一方でSNSなどでは「自分も人を殺したい、どうにでもなってしまえと思ったことはある。他人事ではない」といった当事者たちの言葉も散見される。どのような理由や事情があったとしても、人の命を奪うことは決して許されてはならない。しかし、今の世の中においてひきこもっていることは、「誰かを殺したい」「自分も死んでしまいたい」と思わせるほどに人を絶望の淵まで追いやることになってしまっていることは否定できない。

安易に「ひきこもり」を犯罪に結びつけるような報道は差別や偏見を助長し、いっそう当事者やその家族を追い詰めることになる。そうなれば同じような事件が繰り返されないとも限らない。同年五月三一日には首都圏で活動する当事者たちが設立した一般社団法人ひきこもりUX会議が、六月一日にはひきこもっている子どもを持つ親たちの全国組織であるNPO法人KHJひきこもり家族会連合会が声明を発表し、そうした危惧を訴えた。とくに当事者団体であるひきこもりUX会議の声明は大きな反響を呼び、代表理事の林恭子さんは連日テレビやラジオに出演して自分たち当事者の思いや苦しみを伝え続けた。

林さんと知り合ったのは調査を始めてすぐの頃で、もう二〇年の付き合いになる。今では当事者と研究者という立場の違いがありながら、おこがましくも「仲間」だと思っている人だ。その彼女が世間を相手取って闘う姿に改めて敬意を抱く一方で、果たして彼女の声はどこまで人々に届くのだろうかという懸念も浮かんできた。本文で詳しく述べるとおり、私は当事者にとって「ひきこもり」がどういう経験なのか知りたいと思って調査をするようになったが、そういう関心を持っている私でさえも、かれらの声をきちんと聴けるようになる（あるいは、かれらの声を聴いたつもりになっていたに過ぎないと気づく）までには、ずいぶん時間がかかった。そんな自分自身の経験に照らしてみて、「ひきこもり」にそれほど関心を持っているわけではない人々が当事者の苦しみや思いをどれほど汲めるのだろうかと、斜めに見てしまう自分がいた。

もちろん当事者が自ら声を上げることはとても大事なことであり、それを通してかれらの苦しみや思いに対する共感や理解が広まっていくことを私も願っている。そして、私自身もそれを助けるために、数多くの当事者との出会いを通して私なりに理解してきたかれらの経験を発信していきたいと思ってはいる。しかし、それだけでは足りないような気がする。なぜなら、当事者たちがいくら懸命に語っても、相手側に耳を傾けようとする姿勢が整っておらず、またきちんと聞き届けられるだけの耳を持っていなければ、かれらの声は宙を彷徨い続けることになってしまうからだ。そう考えると、当事者の経験を広く伝えていくことだけではなく、同時に人々（もちろんここには私自身も含まれる）の「聴く耳」を育てていくことが必要なのではないか。

二〇年近く当事者の傍らに居続けた者として何かできることがあるとすれば、かれらのことを理解したいのに理解しきれず、かれらに受け入れられたくても受け入れられず、それでも試行錯誤を続けてきた自分の経験を開示し、どうやって「聴く耳」を育てようとしてきたのか、その過程を見せるぐらいのことしかない。それとあわせて、現時点での〈聴くこと〉についての私なりの考えも、できるだけ分かりやすく言葉にしてみたい。〈聴くこと〉の難しさと大切さを伝えることが、ひきこもっているというただそれだけのこと（とあえて言いたい）が、誰かの命を奪ってしまうような社会を少しでも変えていくことにつながると信じて。

第一章
「ひきこもり」支援の現在

†「ひきこもり」の支援における当事者不在

もう数年前になってしまいましたが、ＫＨＪ全国ひきこもり家族会連合会が主催していた「ひきこもり　つながる・かんがえる対話交流会」に参加したときのことから始めたいと思います。二〇一〇年代半ば過ぎ、あちこちで「対話」というキーワードが聞こえるようになってきた頃のことです（ちなみに、精神科医の斎藤環さんがオープンダイアローグを日本に紹介したのが二〇一五年です。『オープンダイアローグとは何か』医学書院）。

この集会は、当事者、家族、支援者など様々な立場の人たちが場を共有し、語り合うことを通して、多様な生き方が尊重される社会を創造していくきっかけとつながりを生み出すことを目指すものでした。その日は八〇名近くもの人たちが集まり、テーマごとに分かれて話し合いを行ないました。私が座ったのは、支援がテーマのテーブルでした。参加者たちは立場の違いにこだわることなく、自分の経験や思いを率直に語り、また相手の話にも熱心に耳を傾けていました。そのなかでとくに印象に残っているのは、当事者として参加していた人からの次のような問題提起です。

どうして支援というと就労支援ばかりで、もっと広い意味で「どう生きていくのか」に応えようとしないのか。支援者はちゃんと当事者のことを分かっているのか――。「ひきこもり」が社会問題化してから二〇年近く経ち、支援の輪は格段に広がったものの、いまだに支援者と当事者との間には深い溝がある（少なくとも当事者はそう感じている）ことがうかがえる発言でした。

さて、この数年前から大都市圏を中心に当事者が主体になって企画・運営するイベントや集まりが盛んに開催されるようになっていました。その背景にあるのも、従来の支援に対する不満や不全感です。二〇一四年一一月末に東京で開催された「ひきこもりUX会議」の発起人のひとりである林恭子さんは、支援者に対して「私たちが求めてるものと、こうあったらいいって思うものと、こうしてあげようとか、こうしようとか思ったものがズレてないか？　みたいな問いかけをしたかった」と、イベントの主旨を説明してくれました。林さんは自分の思いや苦しみが置き去りにされたまま、支援する側の論理で物事が動いていくことに深い憤りを抱いているようでした。

二〇一六年二月末に大阪で開催された「若者当事者全国集会」も、同様の問題意識に根ざしたイベントです。主催者のひとりは集会の趣旨を説明するなかで、従来の支援は「当事者不在」だったと指摘しています。曰く、これまでの取り組みは支援者や親、教育関係者が中心になって進めてきたものであり、それは「当事者の周辺に居る様々な立場の関係者がたゆまぬ努力を続けてきたことの一つの「成果」として認めるべきである。しかし、

「一方では、このような当事者不在の「成果」にのみ根拠を依存する支援・実践は、必ずしも当事者によって求められているもの、必要としているものと同一では無かったことも事実」である、と（NPO法人グローバル・シップスこうべ、ホームページより）。

ただし、このような「当事者不在」への批判は、最近になって始まったわけではありません。そうした声は二〇〇〇年代初頭からすでに上がっていました。その当時、「ひきこもり」には犯罪者予備軍というレッテルが貼られ、甘えや怠けに過ぎないという非難が巻き起こっていました。他方、精神科医やカウンセラーなどによる著作が数多く出版され、全国各地で支援団体が相次いで設立されてもいました。いまでは「ひきこもり名人」として知られている勝山実さんは、二〇〇一年に出版した手記『ひきこもりカレンダー』（文春ネスコ）のなかでこうした状況を「当事者不在の大騒ぎ」と皮肉りつつ、「ひきこもりの人の立場、視線に立った本を買って読んでみてください」と呼びかけています。

ここで勝山さんが「当事者不在」と呼んでいるのは、自分たちの声が無視・軽視されている状況です。ここ一〇年ほどの間に、そうした状況に対して当事者たちが異議を申し立て、みずからの手で変えていこうとする機運が高まり、様々なイベントや活動が行なわれるようになりました。これ以降、そうした動きを一括して「当事者発信」と呼ぶことにします。ここではその成果の一つとして一般社団法人ひきこもりＵＸ会議が二〇二〇年に公表した調査報告書『ひきこもり・生きづらさについての実態調査2019』を取り上げ、当事者と支援者の間に横たわる溝の一端を明らかにしていきましょう（この調査の詳細については、二〇二一年六月に刊行された『ひきこもり白書2021――1686人の声から見えたひきこもり・生きづらさの実態』をご覧ください）。なお、この団体は先ほど触れたイベントの企画・運営メンバーによって二〇一四年に設立され、当事者発信の牽引役を担っています（以下では「UX会議」と表記します）。

†当事者は支援についてどう考えているのか

この調査は「ひきこもり等の生きづらさを抱えた当事者・経験者たちの置かれている状況や、何に困り、何を求めているかなど、その実態を明らかにし、本人たちが尊厳を持ってライフデザインを描けるようにすること」を目的に、二〇一九年一〇～一一月に実施されました。有効回答者一六八六名のうち「ひきこもり」の経験があると回答したのは八六・〇％、「現在ひきこもっている」と回答したのは六五・四％でした。

「病院・診療所による医療サービス」「ハローワークや若者サポートステーションなどによる就労支援・サービス」「行政機関による支援・サービス」の利用経験者は過半数を超えており、「民間団体による支援・サービス」と「当事者主体による支援・サービス」も

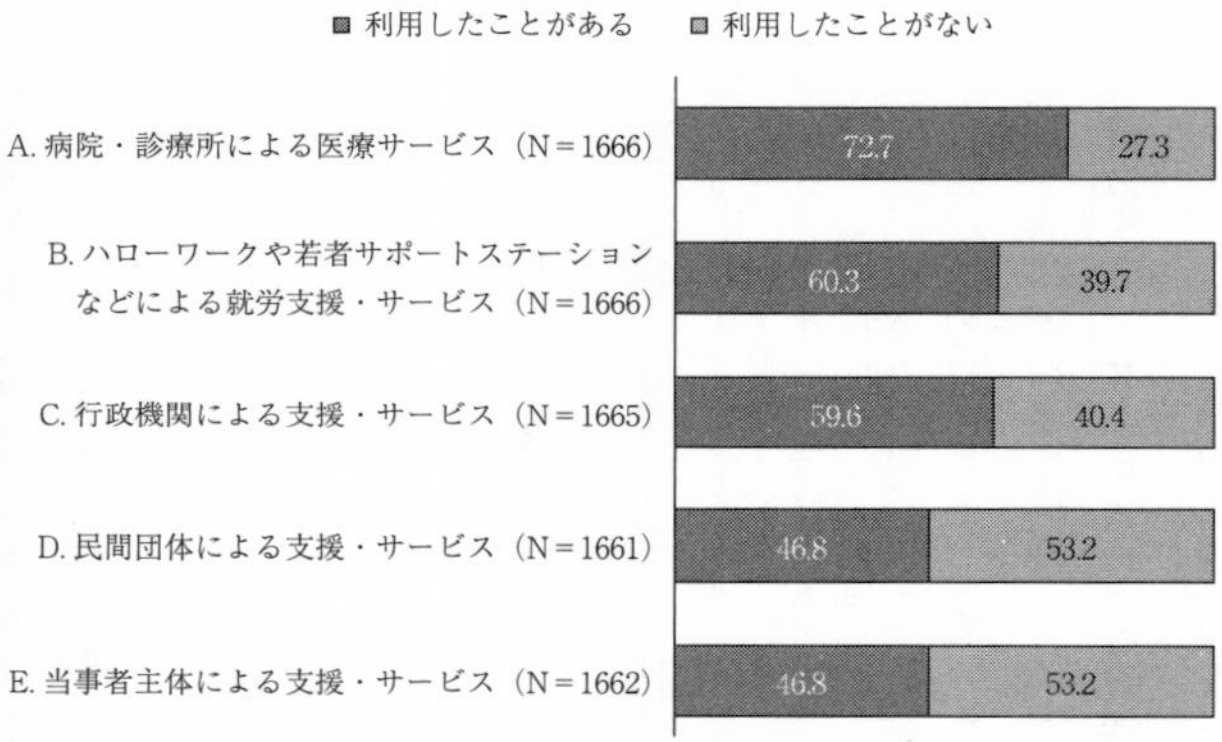

図1　利用したことのある支援・サービス
（UX会議の報告書をもとに筆者が作成）

ほぼ半数です。回答者の大半が何らかの支援・サービスを利用した経験を持っていますが、そのなかで就労支援サービスと行政機関によるサービスに対しては、利用経験者の九割近くが「課題がある」と答えています（それぞれ八七・二％と八八・〇％。残りの支援・サービスに対する回答は公表されていません）。支援を求めても適切な対応を得られていないのが現状のようです。

次に、UX会議による実態調査の自由記述三二件に加えて、『ひきこもり新聞』二〇一七年七月号の特集「新しい支援の可能性／私たちが望む「必要な支援」」の投稿三八件をもとに、当事者たちが支援に何を求めているのか、どんなところに不満を感じているのか見ていきましょう。

ひとつずつタグ付けしながら内容を検討し、最終的に《内容・仕組み》と《支援のあり方》の二つに大別しました。その概要をまとめたのが表1です（ひとつの記述に複数の内容が含まれているものがあるため合計八四件になっています）。どちらも支援に対するニーズですが、前者は必要としている支援・サービスの具体的な内容、後者は支援・サービスの枠組み全体に関わるものです。ここでは当事者と支援者の関係性に絞って後者を重点的に見ていくことにします。

まず目につくのは、【支援者への不満】が一九件で、全体の四分の一近くを占めていることです。その声を少し拾うと「あいさつしない支援者がいた。存在を無視された」「履歴書を見せたら高圧的になった」「対等に見られていない」など、支援する側と支援される側の関係が非対称であること、もっと直截に言えば、上下関係になっていることに不満や怒りを感じていることがうかがえます。また、【前提ありき】のグループでは「社会的不適合者として接する人ばかり」「「回復＝社会に従う」という支援者の前提に従えずに排除される場面を見てきた」「企業に正規雇用されることがメインで、それ以外の生き方が相談しづらい」など、支援者の前提を一方的に押しつけられている様子も見えてきます。

これに対して、当事者が求める支援のイメージをまとめたのが【自分のペースを大事にしたい】です。「自分の歩みに沿った、心のかたちが極力変わらない支援」「ゆっくり考えたい」「自分が必要な支援を見極めさせてほしい」といったように、自分ではない誰かが決めたことに従う（従わされる）のではなく、ゆっくりでも着実に自分の足で歩いていくことを望んでいることが読み取れます。また、《内容・仕組み》では多様な支援メニューが挙がっていますが、ここには自分で納得のいく選択をしたいという思いを読み込むこともできるでしょう。本報告書では調査結果について次のようにまとめています。

「支援者に知識、理解がないことから相談して傷つけられたという声が非常に多かった。やっとの思いでたどり着いた窓口で失望し、その後再びひきこもったり次に窓口につながるまでに長い時間を要することもある」

「やっとの思いでたどり着いた」という言い回しは、当事者たちは誰かに何とかしてもらえればいいといった軽い気持ちで窓口を訪ねているわけではないという認識を促します。必死の思いで助けを求めて行った先で、逆に傷つけられてしまう。何ともやりきれません。

他方、窓口でたらい回しにされる、まともに取り合ってもらえないといったように、支援が開始される以前に対応の不備があったり、性的少数者や地方在住者は支援の枠外に置かれていたりするなど、支援を求めてもその手前で足止めを食らっている人たちがいることも見過ごせません。

表1　支援批判の内容

内容・仕組み		
タグ	コメント（一部・要約）	件数
訓練その後・継続支援	「理解のある職場への紹介。その後のフォロー」「就労後も苦しい。語れる場がほしい」「就職がゴールで定着支援が手薄」	5
様々な活動	「ボランティアの斡旋」「サブカル、アート、大学のオープンキャンパスなど人と自然に繋がれる形」「ひきこもり中の独学」「世代・国籍を超えた交流」「お笑いなど趣味関係のイベントへの付き添い」「やりたいことができたときの相談場所」	5
居場所	「いつでもふらっと行ける場所。「生きづらさ」など大まかなくくりがよい」「自助会の数が少ない」「女性限定の会」	4
お金	「交通費の支給ｊ「ベーシックインカム」「当事者の才能に直接お金を払う」	4
当事者主体の取り組み	「当事者同士のほうが信頼できる」「支援者に頼らず自分たちで新しいやり方を考えて作っていく」「ピアサポーター。経験者の雇用・キャリア構築にもつながる」	4
年齢制限	「それぞれの年代で課題が違うので一定の区切りがほしい」「30代までという年齢制限のため支援を利用できなかった」	3
働き方・生活の仕組み	「農業で生活できる仕組み。訓練・定住まで含む」「生活共同体の創造」「ひきこもったままできる仕事をみんなで作る」	3
資源の連携	「医療との連携」「必要な資源を組み合わせた総合的・段階的な支援」	2
生活支援	「地域での困りごと（親亡き後、ゴミ出し等）を言いやすい仕組み」「フードバンクのようなもの」	2
情報支援	「ひきこもっていると情報不足になる。ワンストップサービス」	1
	合計	33

支援のあり方		
タグ	コメント（一部・要約）	件数
支援者の態度	「説教・グメ出しだけで具体的な対策を提示しない」「社会的不適合者として接する人ばかり」「ひきこもりに理解がなくドン引きされた」「ひどいプレッシャーをかけられて精神症状が再発した」「あいさつしない支援者がいた。存在を無視された」「履歴書を見せたら高圧的になった」「対等に見られていない」「まず「ひきこもり経験」をそのまま認めてほしい」「当事者の心に寄り添った支援が必要」	19
前提ありき	「「回復＝社会に従う」という支後者の前提に従えずに排除される場面を見てきた」「社会適応するための枠にはめようとするだけのものが多い」「企業に正規雇用されることがメインで、それ以外の生き方について相談しづらい」「失敗しないように形に当てはめるものが多い。安心して失敗できる場がほしい」	9
支援にたどり着けない	「たらい回しにされて何の支援も受けられなかった」「事前に情報を求められても信頼関係がないところでは話したくない」「SOSを発信しても受け取ってもらえない。口先だけ」	5
支援する側が対応できない	「お役所仕事で本当に支援してほしいことに対応できない」「支援者の資質・力量がバラバラ」「支援者が勉強不足で具体案を出せない」	5
自分のベースを大事にしたい	「自分の歩みに沿った、心のかたちが極力変わらない支援」「「早く立ち直れ、就職しろ」と急き立てられず、ゆっくり考えたい」「自分が必要な支援を見極めさせてほしい」	4
就業率の優先	「就業率アップが目標でフォローがない」「ニーズを無視してでも就労させれば支援者の評価が上がる」「ワーキングプア以下の収入でも就労を果たしたことにされてしまう」	3
セクシュアリティへの配慮	「LGBTを想定していない」「セクシュアリティの問題に知識のない人には相談しづらい」	2
地方	「地方にはその手の支援が少ない」「田舎では人目が気になって利用できない」	2
暴力的支援	「人権を無視した犯罪まがいのことをする団体に対して規制がない。健全なところは利用料が高く、親との関係が保たれていないと難しい」	1
ひきこもったままでいい	「別に社会復帰をしたいわけではない。ひきこもりながら楽しく便利に生きていけたらいい。ゴールが労働、社会復帰の支援は、後々自分がしんどくなって辞めそう」	1
	合計	51

†「支援（者）臭《しゅう》」のする人

当事者と支援者の関係性という観点から当事者の声を整理していて一番印象に残ったのは、次の一言です。『ひきこもり新聞』に掲載されていたもので、【支援者への不満】に分類しました。

「たとえば、支援者が善行に酔い「支援してあげる」という感じのもの。対等に見られていないようで不愉快だった」

私は「ひきこもり」の文脈では支援される側に立ったことはないものの、素朴に「ああ、これは嫌だなぁ。でも、こういう人っているなぁ」と感じました。そこで思い出したのが「支援者臭」ないし「支援臭」という言葉です。私はおもに当事者が中心になっている集まりに関わってきましたが、そういう集まりでは支援や支援者に対して根強い抵抗感や不信感を示す人が少なくありません。そのなかでもすこぶる評判が悪いのが「支援（者）臭」のする人です。

これはおしゃべりのなかで何気なく出てくる表現で、わざわざ意味を確かめたことはありませんが、おおよそ次のようなイメージが共有されているように思います。たとえば、自分の常識や価値観で物事を評価し、あらかじめ設定されているゴールに向かって突き進んでいく人。ひきこもっていることを頭ごなしに否定することはないものの、「ひきこもり」とはこういうもの（人）だという思い込みが強かったり、あるいは誰かを助けている自分のほうに夢中になっていたりして、目の前にいる相手と向き合えていない人などなど。「支援（者）臭」がすると評されるような人たちは、往々にして正義感が強く、善意に基づいて動いているように見えます。ですが、「支援（者）臭」とはよく言ったもので、自分の体臭は分からないのと同じように、こういった人たちは自分が良いことをしていると信じて疑わないというか、自分にとっての正しさや望ましさが相手とは一致していないかもしれないという反省的な視線が弱く、それゆえ当事者たちに煙たがられていることにも気づいていないように思われます。

もちろん、いまひきこもっている人や、ひきこもったことのある人を当事者として一括りにできないのと同じように、支援者にも様々な人がいるのは言うまでもありません。したがって、全ての支援者を十把一絡げにして「支援（者）臭」を巻き散らかしていると見るのは間違っています。しかし、当事者と支援者の間には、すぐには埋まることのない深刻な溝が横たわっているのは確かなようです。

†当事者と支援者の間に横たわる溝

「溝が横たわっている」ということをもう少し具体的に表現すれば、支援者には当事者の声がちゃんと聞こえていないのではないか、ということです。当事者の思いや望みはそっちのけで、世間の常識や支援者の思いが優先されるような形で支援が組み立てられてはいないでしょうか。

もちろん支援者や親御さんたちは、当事者の声をまったく聞こうとしていないわけではありません。むしろ当事者が何を思い悩んでいるのか知ろうとし、少しでも助けになりたいと必死な思いでいるはずです。どれだけ当事者の思いを汲み取れているのか、そこに偽善はないのかどうかといったことは別にして、そのこと自体を否定するべきではありません。

また、長らく続いてきた当事者不在の状況に対して当事者自身が異議を申し立て、自らの手で変えていこうとする当事者発信の活動が勢いづいているのも、一面では異議申し立ての対象でもある支援者や親御さんたちの耳を傾ける姿勢が整ってきたからでしょう。いくらイベントを企画して語る機会を作ったとしても、関心を持って足を運び、聞いてくれる人たちがいなければ、その場は成立しません。したがって、当事者発信の今後の展開は、周りの人がかれらの声をどれだけ聴くことができるかにもかかっています。

このように考えると、問題は単に周囲が耳を貸さないことではなく、当事者の声がちゃんと聞き届けられていないこと、あるいは自分の声が聞き届けられ、理解されたという実感を当事者たちが持てないでいることにあると整理できます。また、〈聴くこと〉は当事者のニーズを的確に掬い上げ、それに沿った支援を実現するための手段に留まるものではありません。〈聴くこと〉は、それ自体で支援になりえます。なぜなら、当事者の苦悩は自分の声を奪われてきた経験と深く結びついていると考えられるからです。

†自分の声を奪われてきた経験

ふたたびUX会議の林さんにご登場いただきましょう。先ほども紹介したように、林さんが初めて主催したイベントのねらいは支援者への問題提起にありましたが、その一方で彼女は次のようにも語っています。

「当事者が発信するっていうことと、かれら（林さんが親交を保ってきた当事者たち）っていうか、自分なんかも出すっていうこと？　言ってみれば、それが叶えば別に良かったよね」

つまり、彼女の真のねらいは「当事者が発信するっていうこと」自体にあったということです。また、林さんは自分の活動の根底にあるのは「怒り」であるとも語っていました。その「怒り」は、「専門家とか支援者とか言われる人たちに、私たちは分析され、語られてきた」ことに向けられています。しかし、そうした人たちが語ることは「必ずしも当事者の気持ちとしっくり合っているとは限らない」。だから、自分たちの経験や思いを自分たちの言葉で語ることが必要であり、自分たちにはその力があることを広く知ってほしかったのだといいます。

続いて、ぼそっと池井多さんが『HIKIPOS』ウェブ版に投稿した「当事者発信の不可能性――「できない」ことをやっている私たち」を取り上げたいと思います（二〇一八年一〇月四日更新。ぼそっとさんは海外の「ひきこもり」当事者との対論でも注目を集めている方です。『世界のひきこもり――地下茎コスモポリタニズムの出現』寿郎社、二〇二〇年）。当事者発信をめぐるジレンマや悩ましさを論じたこの記事には、次のような興味深い記述があります。

「先日、ある当事者発信の会合の場で、「自分たちは誰に宛てて発信しているか」ということが話題になった。おそらくこの問いを投げかけた人は、「一般社会の人々に対して」「親に対して」といった答えを期待してこの質問を私たちに投げたのかもしれない。ところが、私自身をふくめてその場にいた当事者たちはまるで申し合わせたかのように、異口同音に「過去の自分に宛てて発信している」と答えたのである」

当事者発信の宛先は「一般社会の人々」でもなければ「親」でもなく、誰より「過去の自分」なのだといいます。この「過去の自分」とは「自分の状態を他者へうったえる言葉がなかった」自分であり、「自分が今どういう状態にあるかを他者に少しでもわかってもらえる言葉」を持たなかった自分です。ぼそっとさんは「そういう過去の自分が、いま私が発信している言葉を取得したら、どんなに助かっただろう」という思いのもと、「過去の自分」に向けて、そして「いまの社会にも居るにちがいない」であろう「過去の自分だったような人」に向けて言葉を発していると述べます。

「ほら。君が言いたいことは、これだろう？　いまの私なら、それを言葉にすることができるよ。この言葉を私から受け取って、いまの君を理解しない人たちに掲げて見せろ。いまの君を虐げる者たちにぶつけてやれ」

林さんとぼそっとさんに共通するのは、自分で自分のことを語れなかった経験です。自分ではない誰かに勝手に語られてきたこと、自分のことを自分でもうまく語れないために理解を得られず、冷たく扱われてきたこと。そうしたことへの怒りや悔しさ、自分自身への不甲斐なさといった様々な感情が、当事者発信の根底にあるのではないでしょうか。もちろんこの二人が代表というわけではありませんが、少なくとも当事者発信に対する一つの視角を得ることはできます。

他方、当事者発信が盛り上がるなかで「語れる人」と「語れない人」が二極化し、両者の分断が進んでいるように感じる当事者もいます。『ひきこもり新聞』創刊号（二〇一六年一一月）に入間のひきこもりさんが寄せた「動けなさへの配慮、不可能性を生きるワタシ」と題する文章には、「活動力のあるひきこもり界隈の人達によって、ひきこもり界隈からも疎外された多くのひきこもりが、置いてけぼりにされて見捨てられている」のではないか、「ひきこもり当事者が「語れる一部」の人に限定されないことを望みます」といった切実な思いが綴られています。

ところで、「当事者不在」を乗り越えようとする動きが高まってきたのは、「ひきこもり」が社会的に注目を集めるようになって一五年ほど経ってからです。加えて一人ひとりのそれまでの人生もありますから、もっと長い時間がかかっていることになります。いま堂々と語っている当事者たちも、最初からそうやって語れていたわけではないはずです。たとえば、ぼそっとさんが語りかけている相手は、誰よりもまず語ることのできなかった「過去の自分」でした。また、林さんも長年「自分が発言していい人間だっていうふうに思えない」でいたといいます。いまでは法人の代表理事として精力的に講演活動を行ない、マスメディアの取材も積極的に引き受けている彼女ですが、ひきこもるようになったのは一〇代後半、それからすでに三〇年以上の月日が経っています。それでも、「当事者の側に立たない多くの人たちの間違った声」に「抗えない怒り、憤り」はいまだにあるそうです。

自分の経験や思いを確信を持って語れるようになるには、周囲の「聴く耳」が育つのを待たなければならなかったというだけでなく、本人にとってもそれだけの時間が必要だったのだと思います。自分のなかにある言語化しがたい何かを徹底して見つめ少しずつ形になってきたものを、幸運にも出会えた仲間たちと分かち合い、じっくりと言葉を耕してきたのでしょう。そして、仲間との語らいを通して少しずつ自らを肯定し、温めてきた言葉を表に出せるようになっていったのではないでしょうか。

以上から指摘できるのは、いま当事者発信の担い手として活発に発言している人たちもかつては「語れない人」だったのであり、その語れなかった経験が活動の基点になっているということです。その意味で「語れる人」と「語れない人」は連続した存在として捉えることができます。もちろん現に語れていることと語れないでいることの違いは軽視できません。ですが、それでも私には「語れる人」と「語れない人」が遠く隔たった存在であるとは思えないのです（ただし、人間のひきこもりさんが強く危惧するように、「ひきこもり当事者が『語れる一部の人』に限定」され、ますます「語れない人」が疎外されるようなことがあってはならないと考えていることも、急いで付け加えておきます)。

「語れる人」も「語れない人」も、そのどちらもが自分の声を奪われる苦しみを味わっているのではないでしょうか。そして、追い追い述べていくように、その苦しみは自分が生きてきた時間や自分という存在そのものを否定され、確かにいるのにまるでいない人間であるかのように扱われる、そういう苦しみにまでつながっているのではないでしょうか。

†〈語ること〉と〈聴くこと〉を嚙み合わせる

では、当事者個人が自分の経験や思いを言語化し、それを声に出すことができるようになれば問題は解決されるのでしょうか。そうではありません。すでに述べたように、いくら語ったとしても、それが聞き届けられることなしに語れたという実感を持つことはできないからです。どんなに耕された周到な言葉であったとしても、それを受け取ってくれる相手がいなければ、その言葉は宙に浮き、なかったものになってしまいます。

つまり、〈語ること〉は〈聴くこと〉とセットになって初めて成り立つのです。したがって、「ひきこもり」の支援における当事者不在とは、〈語ること〉と〈聴くこと〉がうまく嚙み合っていない状況として捉え直すことができます。言語化できないという意味での語れなさ、そして言語化されたものがきちんと受け止められないという語れなさ。この二重の〈語れなさ〉を、どうにか解きほぐしていけないものでしょうか。

話を聴いているようでいて、ただ相手の声が聞こえているだけになってしまっていることはありませんか？　それがいつも問題含みであるとは限りませんが、やはり支援という文脈では、そうならないように努めることが大事だと思います。どうすれば相手の声を聞き届けることができるのか。そもそも人の話が分かるとはどういうことなのか。本書で考えてみたいのは、こうした〈聴くこと〉をめぐる様々な事柄です。

さて、「はじめに」でも述べたとおり、私は研究者として「ひきこもり」に関わり続けていますが、ここまで見てきたような状況を高みに立って眺め、その問題点を冷静に分析しているわけではありません。なぜなら、私自身も当事者の声をどれだけ受け止められるかを問われているひとりにほかならないからです。

私は二〇年ほど前から「ひきこもり」に関連する様々な集まりに足を運び、自助グループや支援団体に当事者として関わっている人たちにインタビューを行なってきました。そして、かれらの語りに基づいて「ひきこもり」とはどういう経験なのか明らかにするとともに、「ひきこもり」が社会のあり方や個人の生き方にどのような問題を提起しているのか探ることを課題としてきました。つまり、私の研究の中核を成しているのもまた、当事者の声を〈聴くこと〉にほかなりません。そこで、第二章では私の調査者としての足取りを振り返るとともに、ここでの議論の基盤となっている「ひきこもり」の捉え方を明らかにしたうえで、第三章で〈聴くこと〉から支援を掘り下げるための論点を提示したいと思います。

コラム① 「対話」ブームが、なんだかモヤッとする

最近いろいろなところで「対話」が注目されている。「ひきこもり」の周辺も例外ではない。あちこちで対話をキーワードにした集まりが開かれ、多くの人が参加しているようだ。「ひきこもり治療の第一人者」である斎藤環さんも、精神医療の新しい可能性を拓く手法として「オープンダイアローグ」に惚れ込んでいると聞く。

しかし、私はこのムーブメントに乗り切れないでいる。対話が大切にされるようになったのはとても良いことだと思っているが、それでも昨今の盛り上がりにはいまひとつ乗れないのだ。

このところ人気を集めている「対話」の強調点は二つあると思う。一つは、「ひきこもり」に関わる多様な人たちが一堂に会し、立場の違いを超えて語り合うこと。もう一つは、そういうやりとりを通して、世間の常識や従来の「ひきこもり」のイメージにとらわれない新しい何かを生み出していくこと。

どちらも間違いなく大切である。だが、実際に対話を掲げている集まりに参加すると、何だかモヤッとする。まだうまく言葉にならないが一つだけ書いてみると、「言っていいこと」と「言ってはいけないこと」という暗黙の線引きがあるように感じる。もちろん配慮は必要なので何でも言っていいわけではなく、モヤモヤはそこに向けられているわけではない。昔と比べると、たしかに立場の違いを気にして発言をためらうような空気は薄くなった。しかし、あらかじめ「正しさ」や「望ましさ」といったものが共有されていて、そこに発言が吸い込まれていく感じがする。会場の雰囲気は明るく穏やかだが、「対話ってこういうものだっけ?」と何となく釈然としないものが残る。

私のイメージする対話は、もっと激しい。自らの立場、信条、人生観や世界観などを真剣に語り、相手の声にもちゃんと耳を傾ける。そして、おたがいのズレと重なりを徹底してたしかめ、折り合える地点を探っていく。途中、声を荒げることもあるかもしれない。だが、最終的にたがいが納得できるのならば、そのぐらい白熱するのも悪くないだろう。また、どうしても話が噛み合わなくても、噛み合わないと知れたこと自体が意味深い。

誰のため、何のための対話なのか。二つのものが強烈にぶつかったときに火花が散るように、配慮はしても遠慮はせずに思いきり語り合うことができたときに、新たなものが生まれてくるのではないだろうか。

（初出：『不登校新聞』第四六二号、二〇一七年七月）

第二章

調査者としての経験から得たこと

†調査における二つの難問

私が調査研究を始めたのは大学院に進学して一年目にあたる二〇〇〇年末、「ひきこもり」が世間の注目を集めるようになってから、まだ間もない頃でした。前章で紹介した勝山実さんが言うところの「本人不在の大騒ぎ」の只中でもあります。次々と出版される関連書籍を手に取っても、ひきこもっている人たちがどういう思いで日々を過ごしているのか知ることのできるものは、ほとんどありませんでした。それなら自分が当事者に直接会って話を聞けばいいのではないか。そんな単純で素朴な考えから調査は始まりました。

しかし、というより当然と言うべきか、私はすぐに壁にぶつかることになりました。まず頭を抱えたのは、次の二つの問題でした。一つは「ひきこもり」の当事者とは誰なのか、ということ。もう一つは当事者に対して自分はどういう立ち位置を取ればよいのか、ということです。一つずつ振り返っていきましょう（なお、本章の内容は拙著『ひきこもりの〈ゴール〉――「就労」でもなく「対人関係」でもなく』青弓社、二〇〇七年を下敷きにしています）。

†「ひきこもり」の当事者とは誰のことか

ここまで何気なく「ひきこもり」の当事者という言葉を使ってきましたが、そもそも「ひきこもり」の当事者とは誰のことなのでしょうか？

一般に「当事者」とは、問題を抱えている本人、あるいは当該の問題に直接関わりのある人たちを指します。後者の意味で取れば、ひきこもっている本人だけでなく、ひきこもっている子どもを持つ親、支援者、調査者や取材者も含まれることになります。さらに広く捉えれば、「ひきこもり」が問題化しているこの社会にともに生きているという点では誰もが無関係ではなく、したがって、私たちの全てが当事者であることになります。この最後の意味における当事者性を私たち一人ひとりが認識するのはとても大事なことですが、ここまで広く取ってしまうと、もはや「当事者」という言葉を使う必要はなくなってしまいます。

それでは現場（支援現場だけではなく「ひきこもり」に関連する様々な場を含むものとして、この言葉を使いたいと思います）ではどうかと言うと、ひきこもっている本人に限定して「当事者」とする用法が早いうちから広まっていたと記憶しています。ですが、これもすぐに「ひきこもっている」とはどういう状態なのか、つまりは「ひきこもり」をどう定義するのか、という壁にぶつかってしまいます。

†「ひきこもり」をどう定義するか

いちばん分かりやすいのは、あらかじめ「ひきこもり」を定義して、それに当てはまる人たちを当事者とみなすことです。しかし、それは簡単なことではありません。厚生労働省が二〇〇三年に全国の精神保健福祉センターと保健所に通達した対応のためのガイドラインでは、「さまざまな要因によって社会的な参加の場面がせばまり、就労や就学などの自宅以外での生活の場が長期にわたって失われている状態」という定義が示されました。ですが、「社会的な参加」とは何を意味するのか、「長期」とは具体的にどのくらいの時期なのか等々、分かったようで分かりません。

このほかにも複数の論者が作成した定義が乱立し、「ひきこもり」とは何なのか、当事者とは誰なのかをめぐって現場では混乱が生じていました。また、ウェブ上の掲示板をのぞけば、当事者と思われる人たち同士の間で誰が本当の「ひきこもり」なのかをめぐる争いが繰り広げられていました。そうしたなかでもっとも現場に浸透し影響力を発揮したのは、精神科医の斎藤環さんによる定義です。

斎藤さんは「ひきこもり」を「①（自宅にひきこもって）社会参加をしない状態が六カ月以上持続しており、②精神障害がその第一の原因とは考えにくいもの。（ただし「社会参加」とは、就学・就労しているか、家族以外に親密な対人関係がある状態を指す）」と定義しています（『「ひきこもり」救出マニュアル』ＰＨＰ研究所、二〇〇二年）。この定義でもっとも特徴的なのは、「社会参加」を就学・就労のみならず対人関係と関連づけて規定した点です。これ以降、「ひきこもり」とは家族以外の人と長期にわたって交流が失われている状態である、という捉え方が定着していきました。

私も「ひきこもっている」という動詞形を使うときは、このような状態を念頭に置いています。しかし、だからと言ってこの定義を無批判に受け入れているわけではありません。なぜなら、この定義は精神科医の立場から誰をどのように治療するのかという指針として作成された側面があるからです。このことは「六カ月」という基準について、「早すぎず、遅すぎない対応を講ずるために、私はそのように設定しました」と説明されていることからも明らかです。また、精神障害かどうかの区別が含められているのは、医者として投薬の必要性を見極めなければならないからです。

したがって、斎藤さんの作成した定義を前提として調査を行なえば、どうしても治療という枠組みに合わせて人々の経験を切り取ることになってしまいます。また、斎藤さんの定義に限らず、どんな定義も何らかの意図や目的のもとに作成されており、そのため既存の定義を採用すれば最初からその枠組みに合わない人たちは除外されてしまいます。これは自分で定義を作成したとしても同じことです。

†自分は「ひきこもり」なのか？——揺らぎを掬い上げる

こうしたことを考えたうえで私が選んだのは、「ひきこもり」を定義しないという戦略でした。というのも、斎藤さんの定義が一応スタンダードとして現場に受け入れられてはいるものの、この定義に当てはまらなくても当事者として様々な集まりに参加し、活動している人たちが数多くいたからです。たとえば、働いてはいるが友人はひとりもなく、休日は家にこもって孤独に過ごしているといったような人たちです。

また、インタビューで次のように語った人もいます。これは「今、自分のことを「ひきこもり」だと思いますか？」という質問に対する答えの一部です。彼は「ノー」と即答し、こう続けました。

「別にずっと（自宅や自室に）こもっているわけでもないし、外にも出るし、友だちもいるし、人間関係もあるしっていう自分の状態を見たときに、俺ひきこもりか？　っていうさ。いや、どう考えても違うだろうと。ということは当事者でもないんだろうと。かと言って完全に抜け出した人でもないから」

この人は二年ほどひきこもった経験を持ち、当時は自助グループの運営に積極的に携わっていました。対人関係の有無に触れていることから、斎藤さんの定義を踏まえていることがうかがえます。この定義に照らせば、この人はもう「ひきこもり」ではありません。だから、本人も「ノー」と即答したのでしょう。さりとて「完全に抜け出した」とも言えず、自分がどの立場にあるのか捉えきれないで戸惑っているようでした。

外出するし友人付き合いもあるならば、あれこれ考えるまでもなく「ひきこもり」とは言えないのではないか？　そう感じた読者の方は少なくないと思います。また、支援団体や自助グループに参加している時点で、その人はもうひきこもっていないのではないか？これも、大学の授業や講演会で必ずと言っていいほど出てくる質問です。たしかに斎藤さんの定義に沿って考えれば、そういうことになるでしょう。

ですが何より重要なのは、この人のように自分は当事者であるとも当事者ではないとも言い切れない人や、どの定義に当てはまらなくとも自分を「ひきこもり」の当事者とみなしている人が現にいるということです。こういう人たちを除外して、あらかじめ作成した定義に当てはまる人だけを当事者として選び出し、いくら話を聞いたところで、それは結局のところ「当事者不在」を助長することにしかなりません。

そこで私は、以上のような「自分は何者なのか」をめぐる揺らぎに着目し、かれらの語ったことに根ざして「ひきこもり」とはどういう経験なのか明らかにすることを目的に据えることにしました。つまり、本人の自己規定に着目して「ひきこもり」の当事者を捉えることにしたわけです。こうすれば「ひきこもり」を定義する必要もありません。

なお、本書では「ひきこもり」というようにカギカッコをつけて表記するようにしていますが、このカギカッコには「いわゆるひきこもり」とか「ひきこもりなるもの」といったニュアンスを込めています。これは自分のことを当事者とみなしている本人がこの言葉にどういう意味を与えているのか、どういう経験を結びつけているのかということを大事にするためには、既存の定義を持ち込まず、また世間一般の評価やイメージからも距離を取る必要があると考えているからです。

†当事者に対する共感と反発

さて、以上のようにして「「ひきこもり」の当事者とは誰なのか」という問題に対して自分なりの答えを出したものの、そのうえでなお私が悩まされたのは、そういう人たちに対して自分の立ち位置をどう取ればよいのか、ということでした。私自身はひきこもった経験がなく、身内にひきこもっている人がいるわけでもありません。にもかかわらず、どうして「ひきこもり」に関心を持ったのかといえば、端的に言って共感からでした。

私が「ひきこもり」のことを知ったのは、大学三年生の終わり頃から四年生になるくらいのことです。テレビのニュース番組で組まれていた特集を見たのが、「ひきこもり」に触れた最初だったと思います。私は幼い頃から人との距離の取り方に思い悩み、集団行動に馴染むこともできませんでした。しかも、そのニュース番組を見たのが大学卒業後の進路を決めかねている時期だったこともあって、「ひきこもり」が他人事ではないように感じられたのです。テレビに当事者として映っている人たちと自分が大きく隔たっているようには、どうしても思えませんでした。それならば、どうして自分はひきこもらずに今日まで来られたのだろうか？　この人たちと自分との間に一体どういう違いがあるのだろうか？　こうした素朴な共感と疑問がスタートになりました。

そういうわけで私は当初、当事者の経験を理解するのはそんなに難しいことではないと思っていたような気がします。しかも、接点を持った当事者の多くが同世代だったこともあって、年の離れた支援者や親御さんたちよりも、自分のほうがかれらのことを分かると思い込んでいた節さえあります。しかし、事はそう簡単ではありませんでした。「ひきこもり」の集まりで先ほど述べたような悩みを吐露し、また先行きの見えない大学院生活の不安を語ってみても、「お前には大学院生という立派な身分があるじゃないか。ひきこもったことがあるわけでもないのに自分たちの何が分かるのか」と、当事者たちから冷たいまなざしを向けられるだけでした。

いま振り返ってみると、この頃の私は当事者への共感を振りかざし、かれらに同化しようとしていたに過ぎなかったのだと思います。また、研究という目的を前面に押し出すよりも、人生に思い悩む若者のひとりとして自分を見せておいたほうが現場に受け入れられやすいのではないか。そんな打算もなかったとは言いきれません。そういう振る舞いが当事者たちの反感を買うのは至極当然だったと言えます。

こうした自分のいやらしさを徐々に自覚するようになって、私はひきこもった経験があるわけでもなく、「ひきこもり」の当事者であるという自己規定を持つわけでもない非当事者として、自らを明確に位置づけるようになりました。これは非当事者である私が当事者の経験を理解できるのかというさらなる難問につながっていくのですが、そこには後で戻ってくることにしましょう。

こうして当事者に対して距離を取るようになっても、かれらへの共感がなくなったわけではありませんでしたが、他方、私のなかではまた別の感情が膨らんでいました。その感情とは、苛立ちやもどかしさです。二〇〇〇年代中頃、当事者と親の高年齢化がクローズアップされて将来への不安が高まるとともに、自助グループなどに参加して一定の年数が経ち、精神的にも安定しているように見えながら、なかなか就労に結びついていかない人たちが問題視されるようになった時期です。

当事者たちは決してそうした状況に居直っていたわけではなく、むしろ自己否定感を強めている人のほうが多いように見受けられました。また、現場では「働いて稼げるようになって一人前」という価値観が当事者を苦しめているという見方がそれなりに広まっていました。そのため、かれらが表立って批判されるようなことはありませんでしたが、当人の焦燥感や劣等感を刺激しないようにと言われ続けてきた親たちは不安と不満を募らせ、支援者たちも状況がいっこうに変わらないことに徒労感を覚えているようでした。

私自身も、表向きは日増しに強まっていく就労重視の風潮に対する疑問や懸念を主張していましたが、内心では周囲の人々が抱いていたのと近い感情を抱いていました。もっと言ってしまえば、「何だかんだ言っても稼げるようにならなければ暮らしていけないではないか」と思っていたのです。にもかかわらず、私はそのことをひた隠しにしていました。というのも、当事者の思いや経験を汲み取ることを第一義的な課題としていた私にとって、かれらを否定する感情はあってはならないもののように感じられたからです。また正直に言って、世間的には「ひきこもり」が良くないものとされているなかで、自分もそういうまなざしを持っていることが知られれば、現場から排除されてしまうのではないかという恐れもありました。

ですが、うわべだけ取り繕うような態度を取ることのほうが、よほど相手の信頼を損なうものではないでしょうか。また、研究のための調査といえども、突き詰めてみれば生身の人間同士の付き合いです。したがって、ほかの人間関係と同じように好意だけでなく敵意や反感が生じるのはごく自然なことで、そういう感情を抱くこと自体が不適切であるとは言えません。何より自分を偽り続けることは、とても息苦しいことでした。この息苦しさに耐えられなくなった私は、当事者に対してネガティブな感情を抱いていることを率直に認め、その感情をじっくり眺めてみることにしました。

〈動けなさ〉が見えるようになる

それを通して見えてきたのは、当事者へのネガティブな感情が、かれらの理解しがたさに結びついているということでした。当事者はたいてい自分の現状を否定的に捉えており、何とかしなければならないと格闘しています。だからこそ支援団体や自助グループにアクセスしてくるはずなのですが、なかなか行動を起こしません。起こせないのか、起こさないのか、そのどちらなのかもよく分かりません。この人たちはどうして「働きたい」とか「人ともっと関わりたい」と訴えながら、それに向けて動き出さないのだろうか？　このことについて納得のいく説明が見当たらないために、私は当事者に対して苛々したり、歯がゆさを感じたりしていたのです。

しかも驚くことに、このときまで私はこの根本的な疑問を見過ごしていたことに気づいていませんでした。口で何と言おうとも頑として体が動かない姿を目の当たりにしていたはずなのに、私にはその姿が見えていなかったのです。ただし、何とかしなければならないという思いとは裏腹に体が硬直してしまうこと〈これを〈動けなさ〉と表現したいと思います）が見えていなかったのは、私ひとりに限ったことではありませんでした。

そうこうしているうちに、「ひきこもり」をイギリスの若者自立支援政策から輸入した「ニート」に回収する動きが生まれ、就労および経済的自立を果たしてこそ回復という見方がいっそう強化されました。このときはまだ「ひきこもり」の集まりを超えていけない（いかない）当事者をジリジリする思いで見つめていましたが、かれらが就労に向けて煽られ駆り立てられていく姿に接しているうちに、徐々に重要な何かを見落としているような気がしてきました。

その〝何か〟が鮮明になったきっかけは、経済学者の玄田有史さんの「働くことや生きることの意味に拘泥せず、とりあえず働いてみればいい」というアドバイスでした（『働く過剰』NTT出版、二〇〇五年）。この玄田さんのアドバイスは、極めて真っ当なように思われます。初めて聞いたときは私も頷きかけましたが、すぐに次のような疑問が湧いてきました。「とりあえず」程度で動けるなら、当事者たちはそれほど苦しまないでいられるのではないか？　また、「ひきこもり」が社会問題に発展することもなかったのではないか？

自分を含めて多くの人が見落としていた何か、それは当事者たちの〈動けなさ〉にほかなりません。「とりあえず働いてみればいい」という言葉がもっともらしいアドバイスに聞こえるのは、〈動けなさ〉が見えていない、あるいは見えていたとしても、その正体が分からなかったからだと考えられます。不可解さが当事者への否定的感情を生み出しているならば、この〈動けなさ〉に何らかの説明を与えることによって、そういう感情とも折り合いがつけられるようになるのではないか――。

このようにして私は不可解さが当事者への否定的感情の源泉になっていることに思い至ったわけですが、かれらの〈動けなさ〉が長らく見えなかったのはなぜなのでしょうか。現場ではあたりまえ過ぎる光景になっていたからという理由も考えられますが、私の場合はむしろ、当事者への共感にこだわっていたことのほうが大きいように思います。先ほど述べたように、私はある時期から当事者に対して意識的に距離を取るようになっていました。ですが、それでも内心では自分と当事者は同じとは言わないまでも非常に近い存在だと感じており、かれらのことを分かっていたつもりになっていたような気がします。

経済的にも道徳的にも働かなければならないと強く意識しながら、いえ、この際どのような意識を当人が持っているのかは問題ではなく、とにかく体が動かない人たちがいるということ。この目の前の現実を素通りして、当事者にとって「ひきこもり」とはどういう経験なのかという問いに答えることなどできるはずがありません。そこで私は、いったん当事者への共感から自分を切り離してみることにしました。

†〈動けなさ〉を語る難しさ

当事者にとって「ひきこもり」とはどういう経験なのか。これが調査研究を始めた当初からの問いです。当事者たちの〈動けなさ〉を抜きにして、この問いに答えることはできないのではないか。そうした直感もあって、私は改めて当事者の声に耳を傾けることにしました。ところが困ったことに、この〈動けなさ〉は本人にとっても曰く言いがたいものであるようでした。

ある当事者にインタビューしたときのことです。この人はいったんアルバイトを始めたものの仕事のきつさから体調を崩してしまい、しばらく休養してからは月二〜三日ほど日雇いの仕事に出るようになりました。どうして継続的に働くことができないのか尋ねてみましたが、はっきりした答えは返ってきません。それでも私がしつこく質問を重ねていくと、その人は少し困った様子でこう語りました。

「続かない理由か｜。まあ、やっぱり……慣れてなかったとか（笑）そういうことにしちゃおうかな。何か明確にこれっていう理由があるわけじゃないんだよなぁ。だから、サボり癖があるんじゃないかって言われてしまうと、そんな気もしてくるんだよ。要するに、そういう状況に慣れてしまったから。……で、要するに、月に二回か三回くらい働いて、それでとりあえずは、ね、ごはんが食べられて、生きてけるっていうふうになっちゃうと、そうなっちゃうのかなぁ」

働くことに慣れていなかった、サボり癖がある、とりあえず食うには困らないといったことが働き続けられない理由として挙げられていますが、ここで注目したいのは「明確にこれっていう理由があるわけじゃない」「サボり癖があるんじゃないかって言われてしまうと、そんな気もしてくる」という部分です。これらに加えて「そうなっちゃうのかなぁ」という部分からも、本人がこの説明にしっくりきていないことがうかがえます。結局「なぜ働き続けられないのか自分でもよく分からない」というのが、この人の答えだったのだと思います。

また、次のように語る当事者もいました。

「この動けなさをどんなに説明しても、周りは絶対に分かってくれない。自分は障害者だと思う。こういう言い方に強く反発する人もいるし、自分でも抵抗感はある。でも、それで周りが納得してくれるなら、障害者と言ってくれたほうが私は楽だ」「自分は障害者だ」という言い方に難があることは、この人も十分に承知しているようでした。それでもこう語るほかないくらい、第三者に〈動けなさ〉を伝えるのは難しいということなのでしょう。たしかに私自身、なぜ動けないのかという疑問を持つ以前に、動けないということ自体を長らく捉えられていませんでした。

ところで、私がこれまで出会ってきたのは、完全に身動きが取れないところからは少し抜け出した人たちです。かれらはしばしば、「ひきこもっていたときは本当に混乱していて何が何だか分からなかった。あのときのことを言語化するのは非常に難しい」といったことを語ります。このように本人ですら言語化しがたく、ましてや周りがそれを認識できるはずもなく、また認識できたとしても共感も想像も及ばない。そんな〈動けなさ〉に、非当事者である私がどうアプローチすればいいと言うのでしょうか。暗中模索の日々が続きました。

†生きることへの意思・覚悟

こうして〈動けなさ〉と取っ組み合う一方で、これまであまり聞こえていなかった声が耳に入ってくるようになりました。それは、生きることをめぐる葛藤についての語りです。

「ひきこもり」の集まりに足を運ぶようになってすぐの頃から、自殺を考えたという話を複数の当事者から聞いてはいました。ですが、私はそれをにわかには信じられませんでした。といっても、それは学校に通えているとか働けているといったことだけで、人間の価値をはかろうとする世の中の尺度がおかしいと感じたからではありません。単純に、学校に行けないとか働けないとかいった程度のことが、なぜ自殺にまで結びつくのか分からなかったのです。それがその程度のことではないということは今はもう分かっているつもりですが、当時の私の認識はその程度のものでした。

と言っても、〈動けなさ〉が見えてから耳に届くようになったのは、ひきこもっているときに死のうと思ったことがあったとか、そういった話ではありません。そうではなく、生きることへの意思や覚悟のようなものです。たとえば、「障害者だと言ってくれたほうが楽だ」と語った先ほどの人は、十数年に及ぶ苦悩の日々を経て、ある決断に至ったときのことを語ってくれました。

この人は一〇代半ばから学校に通えなくなり、不登校の支援団体やカウンセラーのもとを訪ね歩き、母親とも激しくぶつかりながら自分の道筋を探っていました。しかし、二〇代半ばを過ぎた頃に「もう生きていけない」というところまで追い詰められ、自殺を考えるようになったそうです。ところが、それを実行に移せるだけの気力も体力もそのときには失われており、ほとんど寝たきりの状態で数カ月を過ごしていました。そして、この人はある決断を下すに至ったのです。

「ここで決めよう、と思ったのね。生きていくか、やめるかをね。その頃の私は、人を傷つけるとか、人から傷つけられるっていうことが、ものすごく怖かった。でも、生きていくってことは、それを引き受けていくってことなんだと。で、それを覚悟しなきゃいけない。それができないのならば、もうここで終わろうと思って。だけど、しばらくして頭や心ではないもっと深いところで、生を選んだ瞬間があった。選んだというか、あぁ自分はそうするんだという感じだった」

穏やかながらも強さを感じさせる口調でした。こうした生きていくことへの覚悟や意志を語ったのは、この人に限られません。このような語りが耳に入ってくるようになって、私はようやく核心に手が届いたような気がしました。この人たちは就労や対人関係の難しさにのみ苦しんでいるのではない。生きることそのものをめぐって葛藤していたのだ、と。

†〈動けなさ〉を読み解く

それでは、生きることをめぐる葛藤と〈動けなさ〉は、どのように関連しているのでしょうか。この結びつきを解くうえで重要な手がかりを与えてくれたのは、存在論的不安という概念によって現代社会を分析したイギリスの社会学者アンソニー・ギデンズの議論でした（『モダニティと自己アイデンティティ』［秋吉美都・安藤太郎訳］ハーベスト社、二〇〇五年）。ギデンズは「生きることの意味とは何か？」「自己の存在に価値はあるのか？」「他者を理解することは可能なのか？」といった問いを、「実存的問題」として概念化しています。これらの問いは日常的には意識の奥底に沈んでいますが、何らかの危機に直面したときに浮かび上がってきて、普段なら苦もなくできていることを難しくさせてしまう、つまりは私たちを存在論的不安に陥れます（ギデンズの議論については補論でも触れます）。

ところで。

皆さんはいま呼吸をしていますか？

皆さんは自分がどうやって呼吸しているのか説明できますか？

こう問われて息苦しくなった方はいないでしょうか。こんなことを言われなければ自分が呼吸していることに意識は向きませんし、また、呼吸のメカニズムを知らなくても息を吸ったり吐いたりすることはできます。しかし、そこに意識を向けた途端、なぜか急に呼吸することが窮屈に感じられてしまう。実存的問題に目を向けたときの苦しさは、これと似ているところがあります。

もうひとつ例を挙げておきましょう。たとえば、おしゃべりです。何も考えていないときには軽快なテンポでやりとりできていたのに、相手は本当に自分の言っていることを理解しているのだろうか、自分も相手の言っていることをちゃんと分かっているのだろうか、相槌の打ち方はこれでいいのだろうか……？　そういったことを意識した途端、どう言葉を継げばよいのか分からなくなってしまう。そのぎこちなさがますます互いの言葉に対する意識を過剰なものにし、ついには会話が途切れてしまうかもしれません。

生きることもこれと似ています。先ほど紹介した人は、「生きていくのか、やめるのか」という選択を自分につきつけていました。生きているということは、実は「生きるか／生きるのをやめるか」という選択肢のうち、絶えず「生きる」を選んでいるということにほかなりません。ですが、私たちは普段そんなことは考えないで生きています。あるいは、そういう問いをやり過ごせているからこそ、生きることの重みに押し潰されずに済んでいるのかもしれません。「ひきこもり」の当事者たちは、このように生きることそのものに真っ向から対峙し、実存的疑問と格闘しているのではないでしょうか。そうだとすれば、体が硬直しているかのように動かないことにも納得がいきます。

これが「なぜ当事者たちは動くことができないのか」という問いに対する私なりの答えです。ただし、これが正解なのかどうかは分かりません。当事者自身の口から「生きることに直接向き合っているために体が動かないのだ」といった明確な説明を聞いたことは今のところありません。それでも当事者たちが存在論的な不安に脅かされていると仮定するならば、彼らの〈動けなさ〉を無理なく説明することはできます。これは「ひきこもり」の実態ではありませんし、どこまで一般化できるのかも分かりません。ですが、当事者にとって「ひきこもり」とはどういう経験なのかを探っていくうえで、少なくとも一つの視点は提示できたのではないかと思っています。

以上、私なりの「ひきこもり」の捉え方に辿り着くまでの足取りを振り返ってきました。次章では〈聴くこと〉から支援を掘り下げるという本書のテーマに戻り、いくつかの論点を提示して若干の考察を加えたいと思います。

第三章

〈聴くこと〉から支援を掘り下げるための五つの論点

はじめに前章の内容をざっと振り返りながら、〈聴くこと〉という観点から支援を掘り下げていくための五つの論点を提示したいと思います。

一つ目の論点は、当事者に対する否定的感情との向き合い方です。私は共感をベースに調査を進めていたものの、その一方で当事者に対する苛立ちやもどかしさが募っていくのを止めることができませんでした。調査においても支援においても共感や寄り添う姿勢が強く求められますが、人間関係には様々な感情がつきまといます。では、寄り添うべきとされる相手にどうしても寄り添うことができないときは、一体どうすればいいのでしょうか？　そもそも、「寄り添う」とは一体どういうことなのでしょうか？

二つ目の論点は、共感の落とし穴です。私が「ひきこもり」の調査を始めたきっかけは、当事者に対する共感でした。しかし、不用意な共感はかえって当事者たちの反発を招き、自分にはかれらのことを理解できるはずだという傲慢な思い込みも生み出します。私の場合、それこそが当事者たちの〈動けなさ〉を見えなくさせていたのでした。そこで本章では、支援の文脈における共感の落とし穴について考えてみたいと思います。

三つ目の論点は、〈聴くこと〉はどこから始まるのかということです。私の調査研究のターニングポイントになったのは、当事者に対する共感からいったん自分を切り離したことです。そうすることで当事者のことを分かったつもりになっていた自分に気づき、だからこそ、それまで見えていなかった〈動けなさ〉にも改めて目が向くようになったのでした。議論を先取りすれば、〈聴くこと〉は「分からないことが分かる」ことからようやく始まるのです。

四つ目の論点は、それでもなお相手の経験を理解できるのか、あるいはどのような理解であれば可能なのか、ということです。私は実存的問題への直接対峙という視点から「ひきこもり」の当事者たちの経験を眺めたとき、かれらの語った様々な話がやっと腑に落ちました。この「腑に落ちる」が、私の目指している理解のあり方です。

五つ目は、当事者の声を〈聴くこと〉は支援になるのかという、本書のテーマにとって根本的な論点です。これについては章をまたいで掘り下げていくことにします。

†【論点1】当事者に対する否定的感情との向き合い方

こんな感情を抱くのは良くないと分かっていても、どうしても相手に対して否定的な感情を抱いてしまう。そんなときには、まず自分がそういう感情を持っているということを認めてあげたうえで、なぜ自分がそんなふうに感じるのかということを分析してみる。それも一つの手ではないでしょうか。

「働きたい」とか「人と関わりたい」と訴えながらも動けない〈動かない〉のはなぜなの

か。それがどうしても分からないことが、当事者への苛立ちやもどかしさを生んでいたことはすでに述べたとおりです。ここでは否定的感情の源泉として、こうした不可解さのほかにあと三つの可能性を示してみます。

① 日本社会の常識や支配的な価値観

たとえば、「働かざる者食うべからず」という価値観が根強く、また「友人が少ない人は不幸だ」というまなざしが強まっている今の世の中では、ひきこもっていることは、ただそれだけで「悪いこと」になってしまいます。こうした価値観や常識は、たいていの人にとって「ふつう」のものです。これは三つめとも関連しますが、世間の常識に沿って真面目に生きてきた（生きようとしている）人ほど、ひきこもっている人を強く拒絶するように感じます。その反応は、自分の「ふつう」が揺さぶられることへの自衛なのかもしれません。

私たちは自分の人生を一生懸命生きるなかで、それぞれに「ふつう」を培っていくものです。したがって、自分の「ふつう」をいきなり変えることは難しいでしょうし、それを性急に求めるのは暴力的でもあります。しかし、それでもひきこもっている人と向き合おうとするならば、かれらへの否定的感情を手がかりに、自分の「ふつう」がどういうものなのか確かめてみることが必要だと思うのです。ただし、「ふつう」は人によって様々で、ひきこもっていることをさほど問題視しない人たちがいることも付け加えておきます。この点には第七章でふたたび触れることになります。

② ひきこもっている本人への心配

これはとくに親御さんに顕著かもしれません。子どもの先行きを案じ、自分が死んだ後はどうやって生きていくのかと憂えるあまり、「いつまでそうしているの?!」と怒ってしまうことが多々あるようです。支援者であっても、相手に対して親身であればあるほど、こうした気持ちに駆られるものではないでしょうか。ここでまた自分を振り返れば、私の場合は大学教員として学生と関わっているときに、しばしばこうした感情が顔をのぞかせます。心配をしているならストレートにそう言えばいいのに、なぜか怒ってしまう。困ったものです。

極端な言い方をすれば、心配とは心配する側が勝手にするものです。だから、相手に押しつけるべきものではありません。また、「あなたが心配なのだ」は、実は「あなたがしっかりしてくれないと私の不安が消えないのだ」ということかもしれません。心配がいつでも利己的なものだと言いたいわけではありませんが、「あなたのために」と「自分のために」を混同してしまっていないか注意深くありたいものです。そして、いま言ったことと矛盾するようですが、複雑な感情が渦巻きながらも「あなたのことが心配だ」とまっすぐ伝えることができたら、見えてくる景色が少し変わるような気がします。

③ 自分自身の苦労や生きづらさ

こちらは大学の講義で「ひきこもり」を取り上げたときの学生の感想や、新聞の投書欄、ウェブ掲示板への書き込みなどに見え隠れするものです。強引にまとめれば、「自分はこんなに大変な思いをしている（してきた）のに、ひきこもって楽をしているなんて許せない」といった感じでしょうか。

この「許せない」には、「ひきこもれるものなら自分もひきこもりたい（ひきこもりたかった）のに」といった羨望や嫉妬が混じっているように思われます。共感と逆向きではありますが、この場合もやはり、ひきこもっている人と自分とを重ねていることになります。

ですが、ひきこもっている人たちは悠々自適に暮らしているわけではありません。そもそも、こういうことを言う人たちの苦労や生きづらさは、直接ひきこもっている人たちによってもたらされたわけではないはずです。言ってしまえば八つ当たりです。八つ当たりしたくなるほど辛いのだろうかと想像できなくもありませんが、八つ当たりされたほうはたまったものではありません。

いずれにせよ、第五章で述べるように、皆それぞれの背景や事情を背負っていることを頭の片隅に置いておくこと、そしてどんな感情であっても自分のものとして認め、距離を置いて眺めてみること。そのうえで、どうすれば折り合いをつけられるのか考えていくこと。そうやっているうちに、少しずつ相手と無理しすぎないで付き合える距離感がつかめてくるのではないでしょうか。

†【論点2】支援における共感・受容の落とし穴

共感は決して悪者ではありません。ですが、自然と心が動くのではなく、自分で心を動かそうとしてしまうことには問題があります。ここでは二〇一一年に内閣府が公表した『ひきこもり支援者読本』の第一章「ひきこもりの心理状態への理解と対応」をもとに、ひきこもっている本人への「適切な接し方」を確認することから始めたいと思います(執筆担当は斎藤環さんです)。

「ひきこもり」の支援は、家族(とりわけ両親)が相談機関を訪れることから始まることが多いため、最初は家族を通してひきこもっている本人にアプローチしていくことになります。このとき、家族は自らがケアを必要とする「対象」であると同時に、ひきこもっている本人をケアしながら自立へと促す「主体」になることも求められます。では、もっとも身近な支援者として、家族はどう振る舞うのが適切だとされているのでしょうか。ひきこもっている本人と接するときの基本的な姿勢について、このテキストではこう述べられています。

「慢性化したひきこもり状態に対する説得・議論・叱咤激励は、有害無益なものでしかない。（中略）信頼関係を築くためには、まず両親が、一旦は本人のひきこもり状態をまるごと受容する必要がある」

ここで前提になっているのは、「本人が、誰よりも自らのひきこもり状態を恥じている」という認識です。つまり、本人はひきこもっている状態に甘んじているわけではなく、悩み苦しんでいるのだから、その葛藤に追い打ちをかけるようなことは決してすべきではないということです。「説得・議論・叱咤激励」は本人をいっそう追い詰め、頑なにさせることにしかなりません。そこで、まずは「安心してひきこもれる関係づくり」を目指すのがよいとされています。ただし、「これは必ずしも「ひきこもりの全肯定」という意味ではない」と注釈が加えられており、ここでの関係づくりは「家族と本人が忌憚なく「交渉」できるテーブルに着くための最初の地ならしとして、ひとまず避けて通れない手続なのである」と説明されています。そして、本人を安心させるには「おしゃべり」が大事であるとして、具体的なアドバイスが続きます。

それらのアドバイスに対してはとくに異論ないのですが、今後のことを話し合ったり相談機関に行くように勧めたりするなど、「本人が受入れ可能な範囲で自立への働き掛けを試みる」ために必要な「手続」として「安心してひきこもれる関係づくり」を捉えている点は、どうしても首肯できません。というのも、共感・受容することを、支援する側が望ましいと思う方向へと水路づけるための手段として扱っているような印象を受けるからです。そうではなく、支援において共感と受容が欠かせないとされるのは、それ自体が相手にとって大きな助けになるからではないのでしょうか。

本人を誘い出すために共感や受容を利用するようなことは、あってはなりません。なぜなら、それは相手を踏みにじるばかりでなく、自分自身にも負荷をかけることになってしまうからです。しばしば親御さんから次のような嘆きを聞くことがあります。「ひきこもっている子どもを焦らせてはいけないというのでそっとしてきたが、いっこうに変化が見られない。自分は一体いつまで我慢すればいいのか」。また、当事者のほうから、親は自分を見守ってくれているとばかり思っていたら、あるとき突然怒りと不満をぶちまけられて困惑したという話を聞いたこともありました。

そんなふうに感情を爆発させてしまったのは、ひきこもっている本人を責めたり問い詰めたりしてはいけないと指示されているから黙っていただけで、実際には共感も受容もできていなかったからなのではないでしょうか。そのため鬱々とした気持ちを溜め込み、苦しさが膨らんでいって、ついには抑えきれなくなってしまったのだと考えられます。ひきこもっている本人からすれば日ごと責め苛まれるのも耐えがたいけれど、突拍子もないタイミングで感情を爆発させられるのも、また相当に苦しいだろうと想像します。

共感しよう、受容しようと思っても、人の心はそう都合良く動きません。ひきこもっている本人に寄り添わなければいけないと繰り返されますが、苛立ちや怒りの感情が生まれることも当然あるでしょう。それをいきなり相手にぶつけるのは避けるべきですし、何でもかんでも相手に伝えればいいとも思いませんが、だからと言って、それをあってはならないものとして押さえ込んだり、そういう感情を持ってしまうことを責めたりしていたら、自分が消耗してしまいます。どういう感情であっても、それをまずは自分で認めてあげる。そのうえで、その感情との付き合い方、折り合いのつけ方を探っていくことが必要なのだと思います（そうは言っても、実際にはその場の勢いで言葉をぶつけてしまい、後悔するということの繰り返しなのですが）。

自分の気持ちを無理に押し込め、表面上だけ相手に合わせて頷くことが、果たして相手に寄り添っていることになるのでしょうか？　決してそうではないでしょう。それでは一体どうすればいいのでしょうか。

†「受け入れる」ではなく「受け止める」

ここで提案してみたいのは、共感・受容をいったんあきらめることです。共感については前章と重なるので、ここでは受容を中心に考えていきます。受容をあきらめると言っても、それはひきこもっている人との対立をそのままにしておくとか、必要以上に関心を持たないようにするとかいったことではありません。受容の捉え方を少しずらしてみませんか、という提案です。具体的には、受容の意味合いを「受け入れる」から「受け止める」に書き換えてみてはどうか、と考えています。

「受け入れる」という言葉を聞くと、相手の投げたものを何でも飲み込んでいくイメージが浮かんできます。投げられたものを抵抗なく、できれば美味しく飲み込めればいいのですが、ものによっては自分の口に合わなかったり、うまく飲み下せなかったり、消化できずに戻してしまったり、反応は様々でしょう。また、体調によっても違うかもしれません。いずれにしても無理に飲み込むことは苦しく、苦しさのあまり投げられたものを地面に叩きつけてしまうこともありえます。

自分が向き合おうとしている相手の言葉、あるいは相手の存在そのものを受け入れるのも、これと同じような感じではないでしょうか。相手の痛みを分かってあげたい、何とかしてあげたいと思い、相手もそれを望んでいたとしても、すんなりと受け入れられないことが多々あります。そういうときに様々な感情を抑えこんで無理やり受け入れようとしても、余計な負荷を自分にかけて、かえって相手との関係を悪化させてしまう可能性があります。これでは元も子もありません。

相手を突き放すわけにはいかないけれど、受け入れようとすれば自分が壊れてしまいそうだ。そんな状況に陥ったときには、相手と向き合えるギリギリのラインを探る必要があります。そのラインのひとつに加えてもらいたいのが、「受け止める」という態度です。相手の投げてきたものをただちに飲み込もうとせず、まずは胸のところでしっかり受け取る。それから手のひらに載せてしげしげと眺め、その手触りや形状を確かめてみる。そんなイメージです。ちょっとだけかじってみて、これは一体何なのかと相手に尋ねてみるのもいいかもしれません。

また、どんなに頑張って受け取ろうとしても、相手の投げ方が乱暴だったり、あまりにもスピードが速かったりすれば、うまく受け取ることはできません。そうしたら、ちゃんと受け取りたいから投げ方を変えてほしいと、相手にお願いしてもいいと思います。あるいは、投げられたものを受け取れたとしても、何を投げてきたのかさっぱり分からず扱いに困ってしまうこともあれば、ちょっと舐めてみたら非常に苦くて口に入れられないようなこともあるでしょう。そうしたら、それを相手にそのまま伝えて、向こうの反応を見てみるのもひとつの手です。そういうふうに相手の言葉や思いと適度に距離を取りつつ、相手が何を伝えようとしているのか考えてみる。加えて、自分がそれに対してどんなふうに反応しているのか、それがどう見えているのかということも見つめてみる。これが「受け止める」のイメージです。

このとき大事なのは、相手が何を伝えようとしているのか分からなかったとしても、適当に分かったふりはしないで、分からないままにしておくことだと思います。分かったふりをすること、分かったつもりになることの危うさは、前章で私自身の経験からある程度は書けたつもりです。分からないものはいったん分からないままにしておき、そのうえで自分が何をどこまで分かっているのか考え、相手に伝えてみる。たとえば、「あなたが何にどう苦しんでいるのかはまだ分からない。だけど、苦しんでいることだけは分かったよ。できる限り、あなたの苦しみを分かりたいと思っているよ」といったように。そして、相手の出方を待ちつつ（これは顔色をうかがうのとは違います）、自分の心がどう動くのか確かめてみる――。

共感・受容とはやりとりのなかで可能になるものであって、あらかじめ共感・受容できていなければ関係性を築くことができないというわけではないでしょう。むしろ、はじめから共感・受容ありきで関係を紡いでいくことのほうが、無理があるように思います。相手の言葉や仕草、表情を自分がどう受け止めたのか確かめながら、相手が何を伝えようとしているのか考え、それを相手に投げ返し、「本当のところ」を一緒に探っていく。それが「寄り添う」ということなのではないかと思います。

†【論点3】〈聴くこと〉はどこから始まるのか

さて、調査の行き詰まりを打ち破るきっかけになったのは、当事者への否定的感情を誤魔化すのをやめ、それをじっくり観察することでした。そして、どうしても打ち消せない苛立ちやもどかしさが当事者に対する不可解さから生まれていることに気づき、改めてかれらの声に耳を傾けようと思い直したのでした。ここに来てようやく私は、〈聴くこと〉の出発点に立つことができたのだと言えます。

〈聴くこと〉の出発点、これを一言で表現するならば「分からないことが分かる」ということです。もう少し丁寧に言えば、自分には分かっていないことがあると認めること、そして、自分が何を分かっていなかったのかが明確になるということです。この二つの意味において「分からないことが分かった」ときに、初めて相手に対して愚直に向き合えるようになるのではないでしょうか。逆に言えば、この二つがおろそかになっているとき、「分かったつもり」になってしまうのだと思います。「分かったつもり」になっているときは、どんな声もきちんと耳には入ってきません。言い換えれば、当事者に対する共感への囚われが、「分からないことが分かる」のを邪魔してしまうということです。

自然と湧きあがる共感をわざわざ抑える必要はないにしても、共感が自分の目を曇らせることがあるということは、よくよく肝に銘じなければなりません。むしろ私に当事者の姿をはっきり見せてくれたのは、あってはならないものとして封じ込めようとしていた苛立ちやもどかしさでした。調査において、そして支援においても、相手に対する共感が大事だと言われます。ですが、目の前の現実を見据え、相手の存在を受け止めることが妨げられてしまうならば、あえて共感を手放すことが必要なときもあるのだということ。いま振り返ってみると、私が調査を通して学んだのはこのことでした。

しかし、ただ分からないと言っているだけでは前に進めません。自分を相手に重ねて何となく分かったつもりになっていたのを超え、それまでとは異なる切り口を探すなかで新たに聞こえてきたのが、生きることへの覚悟や意思でした。

†【論点4】「分かる」とはどういうことか——私が目指している「理解」

なぜ、かれらはわざわざそういったことを語るのか。この疑問に対して私が出した答えは、当事者たちが存在論的な不安定さに脅かされているからだ、というものでした。ただし、この答えは「それが正しいかどうかは分からないけれども、そのように仮定するならば身動きがとれなくなってしまうことに合点がいく」といったくらいのものです。

これが、ひきこもった経験のない私にも可能な「理解」です。そして、この「理解」は共感や実感が湧かなくても可能なものです。相手の苦しみを我がことのように身をもって感じることはできなくても、その人が何に苦しんでいるのか、その苦しみがどんなふうに生じたものなのか、その理屈や道筋をつけることはできます。

といっても、自分ひとりで勝手に理屈をこねくり回すわけではありません。その人はこれまでどういう人生を歩んできたのか。どういう人たちが周りにいて、かれらとどんなふうに関わってきたのか。そのなかでどういう常識や価値観、信念を形作ってきたのか。その人を取り巻く時代的・社会的状況とはどのようなものなのか。そういったことをひとつずつ集めていって、切ったり貼り合わせたりしながら、筋道立った説明を作り上げていくのです。この作業は何色もの糸を織り合わせ、ひとつの絵柄に仕上げていくことと似ています。

こうした理解の仕方は、社会学者の野口裕二さんが「物語的理解」あるいは「物語的説明」と呼んでいるものと重なります（『物語としてのケア』医学書院、二〇〇二年）。この「物語的説明」と対比されているのが「科学的説明」です。科学的説明では、これまでに確認されている一般的な法則に基づき、「こういう条件のもとではこういう結果が生ずる」といった形で事態を解き明かそうとします。一方、物語的説明では「運命のいたずら」としか言えないような偶然や、一回きりの人生における「出会い」や「すれ違い」を重視します。そして、無数の出来事のつながりに一貫性が見出されたとき、私たちは「事態を理解した」と感じるのです。付け加えれば、出来事のつなげ方と一貫性の持たせ方は、ひとつに限られません。何パターンかありえる、つまりは唯一の正しさを求めないことも物語的説明の特徴です。

同じ説明であっても、腑に落ちる人と落ちない人の両方がいます。でも、それでいいのです。なぜなら、大事なのは唯一絶対の正解を見つけ出すことではなく、様々な視点に立った多様な物語が作られていくことだからです。そして、その中から自分にしっくり馴染むものを一人ひとりが選んでいけばよいと考えています。そうして選び取った物語は、本人にとっては混沌として一切語ることのできなかった経験を言語化し、周囲に伝えていくための糸口になるかもしれません。また、周囲の人にとっても、断片的に投げかけられた言葉を一本につなげていく手がかりになるかもしれませんし、あるいは、ひきこもっている本人が沈黙を続けていたとしても、相手の経験を想像する助けくらいにはなるかもしれません。

†【論点5】当事者の声を〈聴くこと〉は支援になるのか

はじめは不可解でしかなかった相手の言動や振る舞いと取っ組み合い、どうにか腑に落ちるところまで辿り着こうともがき続けること、理解をあきらめないこと、それが私にとっての〈聴くこと〉です

先ほども述べたとおり、〈動けなさ〉が見えるようになって気づいたことのひとつが、当事者たちは対人関係を持てなかったり、働けなかったりすることだけに苦しんでいるわけではないということでした。自分でも自分が分からないのに、ましてや他者と通じ合えるはずがないという絶望的な苦悩や孤独を抱えているのではないか。そんなふうにかれらのことを見ることができるようになりました。と同時に、そういうものに耐えながら生きていくのはあまりに過酷ではないか、という思いも湧いてきました。

当事者の声を〈聴くこと〉は、かれらとともに過ごしながら、自らをそうした葛藤を受

け止められる存在に高めていくことであるように思います。こうすればひきこもっている状態に変化を起こせるといった分かりやすい処方箋を出せるわけでもなく、対人関係を回復させ、就労・経済的自立を達成させるための具体的な方策を打ち出せるわけでもありません。ですが、その人の〈生〉を支えることが支援の根源であるとすれば、生きることをめぐって葛藤し、他者との関係に絶望している人々の声を〈聴くこと〉は、まさに支援そのものであるということにならないでしょうか。

また、第一章で述べたように、当事者の苦悩は自分で自分のことを語れない——自分の経験や思いを言語化できないだけでなく、語っても聞き届けられず、自分以外の誰かに勝手に自分のことを語られてしまう——ことにも結びついています。次章ではかれらの〈語れなさ〉に焦点を当て、〈語ること〉と〈聴くこと〉がどう嚙み合っていないのか明らかにしたうえで、〈聴くこと〉が支援になりうるとはどういうことなのか考えてみたいと思います。まずは「ひきこもり」の支援はどのように正当化されているのかという問題からアプローチしていきましょう。

第四章

〈語れなさ〉と向き合うⅠ

†「ひきこもり」を支援することの正当性

二〇一〇年に厚生労働省が公開した『ひきこもりの評価・支援に関するガイドライン』は、「支援者が心得ておかねばならない重要な留意事項」として、次のことを冒頭で確認しています。それは「ひきこもり状態に在る子どもや青年がすべて社会的支援や治療を必要としているわけではない」ということです。そして、そのあとに「慢性身体疾患の療養過程で家庭に長くとどまる必要のある事例や、家族がそのような生き方を受容しており、当事者もその考えであるため社会的支援を必要としていない事例の場合、少なくとも当面は支援を要するひきこもり状態とはならないということを承知しておくべき」だと続きます。

逆に言えば、ひきこもっている本人が「社会的支援を必要として」いる限りにおいて、支援活動は成り立つとされているわけです。ここでも挙げられているように、たとえば病気療養をはじめ、心身ともにひどく傷ついてしまったとき、あるいは創作活動に打ち込むときなど、他者との交流を断つことが一時的に必要な場合があります。つまり、ひきこもることはいつでも「問題行動」になるわけではないのです。

こうした断り書きが冒頭でなされるのは、「ひきこもり」とはそもそも支援が必要なのかどうかということが議論の的になってきたからでしょう。たとえば評論家の芹沢俊介さんのように、「ひきこもり」を治療・援助の対象にすることは、「ひきこもり」を「あってはならない事態」として否定するのと同じであり、そのこと自体が本人を深く傷つけてしまうという主張もあります（『「存在論的ひきこもり」論』雲母書房、二〇一〇年）。

また、一般的に考えられている支援とは、ひきこもっている状態から抜け出させるための支援と言えます。すでに論じたように、何としても動くことができず、ひきこもるしかないという〈動けなさ〉を考えれば、本人が動き出せるようになるまで存分にひきこもることのできる環境を整えることも、立派な支援になるのです。ですが、そうした支援が主流になることはなく、せいぜいひきこもっている状態からの脱却におけるワンステップとしての位置づけが与えられているに過ぎません。

では、ひきこもっている状態から抜け出させることこそが「ひきこもり」の支援だとされるのは、一体なぜなのでしょうか。その必要性と正当性の根拠として持ち出されるのは、本人はひきこもりたくてひきこもっているわけではないという非自発性です。典型的には次のように説明されます。

「援助の必要性は明らかだろう。本人は「抜け出したいけれど抜け出せない」と苦しんでいる場合が多く、自分には生きている価値がないと思い詰めたり二度と社会には戻れないと絶望したりしている例が珍しくない」（塩倉裕『引きこもり』ビレッジセンター出版局、二〇〇〇年）。

要するに、本人が自ら進んでひきこもっているわけではなく、その状態から抜け出したいと望んでいるからこそ、支援が必要だとされるのです。このとき、ひきこもっている本人に最も身近な存在として、支援役割を期待されるのが家族です。しかし、「家族ぐるみで脱出不能の悪循環に入り込んでしまう傾向があり、当の本人や家族だけの努力では抜け出しにくいことが多い」（塩倉、前掲書より）ため、第三者が介入することで状況の改善が図られることになります。ですが、ひきこもっている本人は他者からの働きかけに対して非常に脆弱になっており、むやみな介入は本人をいっそう傷つけることになりかねません。そこで、支援する側には「当事者の自尊心と自発性に対する十分な配慮」（斎藤環『「ひきこもり」救出マニュアル』PHP研究所、二〇〇二年）が求められます。

ところで、ここ数年（実際にはもっと以前から）、もはや叱咤激励とは言えないような汚い言葉でひきこもっている人を罵り、本人の意思とは関係なく無理やり外に連れ出すような暴力的支援が非常に問題になっています。暴力的支援に決定的に欠けているのは、こうした配慮です。それ以前に、ひきこもっている人の人権を踏みにじる振る舞いや言動は、はっきり言ってただの暴力です。「暴力的支援」という表現を使っている限りは、暴力的であろうと何であろうと、それもまた支援であることを認めていることになってしまいます。支援という名のもとに振るわれている暴力を断固として拒否するためにも、暴力的支援という言葉はもう使うべきではありません。

†「本音」と「言い訳」を聞き分けることはできるのか

話をもとに戻しましょう。「当事者の自尊心と自発性に対する十分な配慮」が、必要かつ重要であることは言うまでもありません。ですが、本人が支援を必要としているのかどうか、仮に必要としているのだとして具体的に何を望んでいるのか、これらのことを確かめるのは決して容易ではありません。そして、これは本人が自分の意思を把握しきれないとか、うまく言語化できないといった〈語ること〉の難しさのみならず、本人の声をどう受け止めるのかという〈聴くこと〉の難しさにも関わっています。むしろ後者の問題が大きいのではないか、というのが私の見解です。

この難しさについて、ある支援者の発言を通して考えてみたいと思います。その支援者とはNPO法人青少年自立援助センターの工藤定次さん（故人）です。工藤さんは一九七〇年代から自宅への訪問と寮での共同生活を行ない、真摯に「ひきこもり」に向き合ってきた方です。しかし、その発言には違和感を覚えるところもあります。

様々な支援手法のなかでも、訪問支援の是非はとりわけ盛んに論じられてきました。というのも、ひきこもっている本人が相談機関に直接出向いてくる場合とは違って、本人が支援を必要としているという前提を置くことができないからです。しかも、訪問支援はひきこもっている本人ではなく、かれらと一緒に暮らしている家族の要請に応じて開始される場合が多いため、強制性や暴力性を帯びやすいという問題もあります。工藤さんもこのことをよくよく承知していたのでしょう。著書では自身の支援方法とその拠って立つところを丁寧に説明しています。

工藤さんの支援目標は、きわめて明快です。それは「自分の飯の種は自分で稼ぐ」ということに尽きます。そして、本人の希望も最終的には「本当はおれは働きたい。自分自身で生計を立てたい」というところに集約されると述べています（工藤定次・斎藤環『激論！ひきこもり』ポット出版、二〇〇一年）。

この目標は「自分が真の意味で自由に生きられるのは、自分で日々の糧を得、誰からも干渉されないことだ」という、工藤さんの信念に裏打ちされたものだと考えられます。そして、自らの信念が利用者の求めるものと矛盾がないことを、たとえば卒寮生の次のような言葉を紹介することで印象づけています（工藤定次ほか『脱！ひきこもり』ポット出版、二〇〇四年）。

「自分で自分の生活費を稼いで自分一人で生活していると、あぁ、これでやっと自由になれた（略）って心から思えて、心にゆとりができたんだよね」

ここで工藤さんの信念を批判するつもりはありません。また、卒寮生のこの言葉を否定するつもりもありません。ただ、次の箇所を読むと疑問がいくつも浮かんできます。長くなりますが引用しておきましょう（工藤ほか前掲書より）。

「本人の中にある、「できない」という苛立ちから来る強い不安は、「やればできるはず」だが「自分はやらないだけ」という妥協、言いわけへとすり替わっていく。これははっきりと言ってしまうなら、自分に対する甘えだ。しかし、この甘えは何もひきこもりの若者だけにあるのではない。「できない」ことの辛さは、それを乗り越える手段が明確にされないとき、心はその苦しみに耐えられず、自分のプライドが傷つかないような言いわけを探し出す。こんな経験はきっと誰にでもあるはずなのだ。そんな本人の妥協を、周りの人間が「そういう状態でいいんだよ」と理解を示す。（略）本人にしてみれば、真綿で首を絞められるような苦しみに違いない。自分は本当は働きたいのだから」

先ほど引用した卒寮生の言葉はそのまま受け入れているのに対して、ここでの工藤さんの態度は厳しいものです。とくに注目したいのは、本人は「本当は働きたい」と思っているのだから、周囲が「妥協」に「理解を示す」ことは、かえって本人に「苦しみ」を与えることにしかならない、という見方です。しかし、「できないこと」の「不安」や「辛さ」から出てくる言葉を「妥協、言いわけ」へのすり替えと捉え、「甘え」として切り捨てることもまた、本人の「苦しみ」を深めることにならないでしょうか。加えて、「働きたい」だけが「本当は」といったかたちで本音として扱われていることも疑問です。

以上から指摘したいのは、当人の意思を一番に尊重すべきだとしながらも、実際には支援する側の信念や常識、それに根ざして設定される目標に照らして、本音とそうではないものとを支援する側があらかじめ区別してしまっている可能性です。ひきこもっている本人の意思を尊重するという支援の原則そのものに批判すべき点はありませんが、支援する側が本人の意思をきちんと受け取ることができているのかどうか、そのことは常に批判的に点検・評価しなければなりません。

本音とそうではないものを恣意的に区別しているかもしれないということは、支援活動に携わっている人だけではなく、ひきこもっている子どもを抱える親御さんや、私のような研究者など、ひきこもっている人たちと何らかの関わりを持つ者全てが重く受け止めなければならない問題です。この問題に取り組むためには、当事者の側からこの問題がどのように経験されているのか見ていく必要があります。それは同時に、当事者が経験している（させられている）〈語れなさ〉を丁寧に見ていくことでもあります。

†一つ目の〈語れなさ〉――言語化できない

意思の所在を確認するためには、まずは本人に語ってもらわなければなりません。ですが、ここまで何度も述べてきたとおり、自分の経験や思いを言語化することに難しさを感じている当事者は少なくありません。

あるインタビューでひきこもっていた最中のことを尋ねたところ、その人は少し沈黙したあとに「混乱してる状態だったから、どう混乱してたのかっていうのを解きほぐすのは結構難しいといえば難しい」と答えました。語るのが「嫌なわけじゃない」けれど、当時のことはどうしても言葉にならないのだそうです。また、第一章で取り上げたぼそっと池井多さんの『HIKIPOS』ウェブ版の記事（二〇一八年一〇月四日更新）でも、「ガチなひきこもり〔「家から一歩も出られないで苦しんでいる状態」にある人〕は、自分の苦しさを訴える「言葉」を持っていない場合が多い」と述べられています。しかも、私が接点を持った人たちの大半は「ひきこもり」という言葉がほとんど知られていなかった二〇〇〇年以前にひきこもっていたこともあって、自分の身に何が起きているのか全く分からず混乱するしかなかったという話を何度も聞いてきました。

ところで、多くの当事者が激しく嫌う質問があります。それは「今何やってるの？」という質問です。なぜなら、ひきこもっている自分を厳しく責めたり引け目を感じたりしている人にとって、この質問はそうした感情を刺激するものだからです。もしひきこもっていることを何とも思っていなければ、何を聞かれてもへっちゃらでしょう。「何やってんの?って聞かれて、遊んでるよって、そういうふうに言えちゃうような人だったらひきこもってないんじゃないかな」と話してくれた人がいましたが、これにはとても納得させられました。

また、ひきこもっていたときに一番嫌だった言葉として、「今何やってるの?」に加えて「これからどうするの?」を挙げた人もいました。この人はそう尋ねられるのが嫌で、友人たちを遠ざけるようになったといいます。ただし、その質問を避けていたのは劣等感や自己嫌悪感が刺激されるからではなく、「ちゃんと明確な説明ができない」ことが苦しいからだという理由でした。つまり、自分のことをうまく語れないという〈語れなさ〉が、この二つの質問に対する忌避意識の背景にあったということです。では、なぜ「明確な説明ができない」ことが苦しみをもたらすのでしょうか。これは「自分」という存在は物語によって形作られているという観点から説明することができます。

自分という物語は、過去に体験した無数の出来事から現在の自分が結末になるようなものを取捨選択し、過去・現在・未来という時間軸に沿って一貫した筋書きを持つように配置したものです。つまり、「今このようにして自分があるのは過去にこうした経験をしたからだ。そして、おそらく今後はこうなっていくだろう」というふうに自分に形を与えていくのです。この観点からすると「今何やってるの?」という質問は、物語の結末となる現在に真正面から切り込む質問にほかなりません。ですが、現在という結末が定まっていないため、そう問われても沈黙するしかなくなってしまうのです。そして、現在の先にある未来に関わる「これからどうするの?」という質問にも答えられず、当然ながら現在に至るまでの過去についてもうまく語ることはできません。

こうして考えてみると、自分の経験を言語化できないという〈語れなさ〉は、自分という存在そのものの揺らぎとして捉えることができます。だからこそ、言語化できないことは大きな苦しみをもたらすのです。

†二つ目の〈語れなさ〉――相手の聞きたいことしか語れない

他方、自分の経験や思いを丁寧かつ的確に語ることができる当事者も少なくありません。ですが、そういう人たちはそういう人たちで、自分の経験を言語化できないのとはまた異なった〈語れなさ〉を抱え込んでいるようです。

これまで出会った当事者のなかでも、飛び抜けて語るのが上手な人がいました。Aさんとしておきましょう。一時期、Aさんは親の会や講演会で引っ張りだこになっており、私もそのユニークな語り口に惹かれてインタビューを申し込んだ一人でした。

Aさんは体験談を発表することは自分自身の人生を再確認するいい機会になったと語りつつ、他方、自分の「正直な感覚」に基づいて話せていたのは最初のうちだけだったという話も出てきました。

回数を重ねるうちにどんどん「形骸化していくというかパターン化」していったとAさんは語ります。これはただ単に、繰り返し語ることで新鮮味が失われていったということではないようです。ここにはもう少し根深い問題が潜んでおり、そこにピントを合わせると、〈聴くこと〉の難しさと〈語れなさ〉が背中合わせになっていることが見えてきます。

まずはAさんの話に耳を傾けましょう。

「カルチャーセンターの生き方講座みたいなところで話すんじゃなくて、当事者を抱えた親御さんとか、場合によってはひきこもっている本人、支援している人とか、「ひきこもり」にまつわる人が話を聞きにくるんで、だいたいその先にあるニーズと、こちらがしゃべることとの合わせどころっていうのが見えてきて。で、親にとって聞きたくないことはやっぱり言えないっていう暗黙の了解っていうかな。そういうプレッシャーは常にあって。本当のことが言えないなぁっていうのはあったよね」

たとえば、親御さんが数多く参加していたあるイベントでのことです。親の年金があったからひきこもっていられたと発言した途端に会場がざわつき、「すーーーっ」と聴衆が引いていくのが分かったそうです。Aさんはそうした反応を見て、「なかなかこういうことは言えないんだなぁ」と感じたといいます。

このように、自分にとっては「本当のこと」だったとしても、「親にとって聞きたくないこと」は言ってはいけないという「プレッシャー」に晒されるなかで、Aさんは聴衆の「ニーズ」に合わせて語ることを学んでいったのでしょう。ただし、そうやって話題を選ぶようになったのは、ただ周囲の暗黙裡の要求に応じたからだけでもなさそうです。

「自分で勝手に統制してたっていうか、嫌われちゃまずいしな、とかね。石は投げられないだろうけど」

この言葉からは、否定的な反応を回避するために、自ら聴衆の「ニーズ」を先取りしていたことがうかがえます。また、体験談を発表するようになったばかりの頃は、自分の話に真剣に耳を傾け、応援してくれる人が大勢いることに勇気づけられたとも語っていました。つまり、Aさんにとって人前で語ることは、先ほど述べたように自己理解を深めるのみならず、他者からの承認を得る機会にもなっていたと考えられます。

Aさんをはじめ数多くの当事者と接するなかで分かったのは、かれらがどれほど自分自身を貶め、いかに社会への疎外感や不信感に塗り込められているのかということでした。こうした苦しみを念頭に置いてみると、無意識的であれ相手の顰蹙《ひんしゅく》を買わないように率直かつ正直に語るのは控えておこうという判断が働いたとしても、無理はないように思えます。ですが、そうやって抑制的に語ることで共感的な反応を引き出すことに成功したとしても、自分が本当に語りたいことを語れない状況が長く続けば、不全感が積もり積もってゆくことになるでしょう。Aさんのエピソードの冒頭で触れた語りの「形骸化」という発言は、そうした不全感を表していたのかもしれません。

少し寄り道になりますが、Aさんが引っ張りだこになっていた二〇〇〇年代中頃は、親の会や講演会で当事者に体験発表してもらうことが流行っている時期でした。自分自身がひきこもった経験に根ざして支援活動を行なっている聞風坊さんは、その当時をこう振り返っています(「ひきこもりクロニクル――当事者から見た支援の歴史」『若者当事者研究』、二〇一六年)。

「体験発表の一番の価値は、実のところ、ひきこもり当事者が体験発表すること、そのものだったようだ。発表の中身よりも、ひきこもりが、多数の前で、自分のことを訥々と話すその姿に、聴衆はなにより感動し、異様な盛り上がりを見せた。当事者は、社会が望む行動をとることでもてはやされる。当事者の複雑な気持ちはそっちのけで、周囲が喜び勇んでいる」

厳しい言い方になりますが、結局のところ親御さんたちが体験発表を求めたのは自分を勇気づけるためであって、当事者自身のことを第一に考えているわけではなかったのではないでしょうか。ひきこもっている自分の子どもを壇上の発表者に重ねて、「いつかは我が子もこうして人前で堂々と語れる日が来るに違いない」という希望を持ちたかった。だから、親御さんたちの希望や期待を損なうような語りは退けられたのだと考えられます。

聞風坊さんによれば、「当時、体験発表を繰り返していた私たちの先輩当事者は、現在ひきこもり界で姿を見かけない」そうです。発表者たちは自分のことを語っているようで実は語れておらず、搾取され摩耗させられただけであった、というのは言い過ぎでしょうか。

†「ひきこもっている本人の意思を尊重しなければならない」？

三つ目以降の〈語れなさ〉に話を進める前に、いったん「ひきこもっている本人の意思を尊重しなければならない」という「ひきこもり」の支援の大原則に戻りましょう。二つ目の〈語れなさ〉から確認したいのは、当事者の語ったことを、本人がそう語ったというだけで、その人の意思表明として素朴に受け取ることはできないということです。Ａさんのエピソードから浮かび上がってくるのは、周囲の求めているものを敏感に察知し、あらかじめ「語れること」と「語れないこと」（裏を返せば、聞き手にとって「聞きたいこと」と「聞きたくないこと」）を区別している当事者たちの姿です。もっと言えば、当事者の「本音」のように聞こえるものは、実は聞き手の期待に沿うように操作されたものに過ぎないかもしれないのです。

だからといって、当事者の発言はどれも疑ってかかるべきだと言いたいわけではありません。また当事者自身も、ここまで論じてきたようなことを意識して、周到に語りを操っているわけでもないでしょう。私が言いたいのは、支援の大原則に忠実であろうとするならば、当人の意思の見極めは慎重すぎるくらいでちょうどいい、ということです。当事者が周囲の期待に合致するように「本音」を作り上げ、周囲は自分が受け入れられることだけを「本音」としてピックアップする。こうした両者のやり方が奇妙に嚙み合えば、あたかも本人の意思が尊重されているかのような事態が現れることでしょう。ですが、それはあくまでそう見えるというだけでしかありません。そのようなことが続けば、当事者の「本音」は宙吊りのまま支援が空洞化していくことも十分にありえます。

そもそも「本音」とはそのときそのときで揺れ動くものであり、また一つに絞ることもできないようなものではないでしょうか。したがって、本人でさえもそれを正確に把握するのは難しいように思います。それでも「本音」なるものにアプローチしようとするならば、聞き手が次のことをしっかりと認識しておくことが重要だと考えます。それは、ひきこもっている本人（語り手）が何をどれだけ語れるのかは、その人自身が自分の経験をどのくらい言語化できるのかにだけかかっているのではないということ。そして、支援する側（聞き手）がどれだけ「聴く耳」を育てられているのかにも大きく左右されるということです。

　自分の常識や価値観、期待にそぐわないことであっても、いったんそれを受け止め、分からないことがあれば質問し、自分の感じたことや日ごろから思っていることをまっすぐ伝えられるようになりたいものです。そういうやりとりを通して信頼関係は育まれ、正直に話しても大丈夫だという安心感が醸成されていくのではないでしょうか。そしてまた、やりとりのなかで新たな気づきや視点が生まれ、その人自身にとってもあやふやだったものが、少しずつ輪郭を取り始めるのではないでしょうか。

　もしかしたら「本音」とは相手から引き出すものではなく、相手と一緒に探っていくものなのかもしれません。しかし、それは簡単なことではありません。自分の常識や価値観、期待にそぐわないことでも聞き手がいったん受け止めることが必要だと述べましたが、そもそも自分がどのような常識や価値観のもとに生きているのか自覚することからして、非常に難しいからです。三つ目と四つ目の〈語れなさ〉は、そうした難しさと関わっています。章を改めて見ていきましょう。

第五章

〈語れなさ〉と向き合うⅡ

前章では二つの〈語れなさ〉を整理しました。一つ目は、自分が直面している困難や苦悩を言語化できないということ。二つ目は、言語化できたとしても、それを率直に語ることが許されない状況があるということです。続いて本章では「話が通じない」という経験に着目し、もう二つの〈語れなさ〉を提示したうえで、ふたたび共感をめぐるあれこれについて考えたいと思います。

†話の通じなさがもたらす不安

本章でもある当事者へのインタビューに沿って話を進めましょう。Bさんとしておきます。この人もまた語彙が豊富で話し上手な方なのですが、彼自身は自分の言っていることがどうしても理解されないことに深く思い悩んでいるようでした。発達心理学の専門書に目を通すなど、言語化する努力をしているのに思うような反応を得られないと語りつつ、Bさんは次のような不安を口にしました。

「社会の中に自分の居場所があるのかなって、そういうことを考えたりして……結局不安なのはそこなんですけどね。だから、大多数の人とそもそも根本的に違うんじゃないかとか、話が通じる可能性があるんだろうかとか、そこらへんなんですよ」

このとき話が通じない相手として挙がったのは、カウンセラーなどの支援者と両親、とりわけ父親でした。父親も勉強熱心な読書家でしたが、それでも話が通じたと思えることはなく、大事なのは知識量ではないとしみじみ感じたそうです。では、Bさんは具体的にどういう場面で話が通じないと感じていたのでしょうか。

「たとえば働けないとか仕事がしんどいとかっていうので、僕が仕事が続かないとか学校行きたくないって話をすると、やっぱり当たり前なんだけど、これは皆も行けないんだよとか、しんどいんだよとかって言って。俺だって家族を食わせるために仕事してたんだよ、とか」

「働けない」とか「仕事がしんどい」と打ち明けても、父親から決まって自分も同じような思いをしてきたし、誰でもそういうしんどさを抱えているのだと諭されていたことがうかがえます。Bさんはそうした父親の言葉に納得がいきませんでしたが、だからと言って反論することもできなかったようです。

「うーん、あたりまえのことなのよ、言ってること自体は。だから、学校なんて皆行きたくないけど我慢していくもんだよとか、仕事だって別にやりたくなくてもお金のために行くんだし、っていうのは皆言うことじゃない？　うちの父親に限らず。要するに皆しんどいっていうふうに言われちゃう」

父親の言うことは世の中で「あたりまえのこと」として通っていることです。そして、

Bさんのほうも「あたりまえ」だと感じるからこそ、何も言い返すことができなかったのでしょう。ですが、Bさん自身はその「あたりまえ」を生きることができず、その「あたりまえ」で構成されている社会に「自分の居場所」があるとは思えない、という不安を抱くに至ったのではないかと考えられます。

†支援の現場で生じる排除

また、Bさんは当事者同士でも話が通じるという感覚をあまり持てないでいるように見受けられました。「ひきこもり」の支援ではフリースペースや自助グループなどが重視されており、当事者同士で辛い経験や気持ちを分かち合うことのできる〈居場所〉としての役割を期待されています（このことについては第七章をご参照ください）。ですが、Bさんはそういう集まりでさえも居心地の悪さを感じていたようです。それは働くことが話題になったときに顕著なようでした。働くことをめぐる苦しさは、かえって「当事者同士のほうが言えない」とBさんは語りました。

「なんでかっていうと、働かなきゃっていう意識がむしろ普通の人よりも強かったりして、そういうことを言うと、何言ってんだ、お前はって。自分も働けないくせに言ったりとか、僕もやっちゃったことあるけど（笑）そうなんだよね。だから結構言えない。どうせ言っても踏みつぶされる、踏みつぶされそうな感じだから言えないってことはありますよ」

当事者のほうが「働かなきゃっていう意識がむしろ普通の人よりも強かったり」するために、働くのが辛いとか働きたくないといった言葉は、Bさんの父親がそうしていたように、世間の常識によって上書きされるどころか「踏みつぶされ」かねないというのです。ひきこもっている間は、こんなことをしているのは自分だけだと思っていた。だから、同じような経験をしている人たちに出会えて本当に救われた――。こんなふうに多くの当事者が居場所につながったときの気持ちを語ります。ですが、そこでも常に思いきり語れるわけではなく、むしろ語るのを抑えてしまう場面が少なくないことがうかがえます。

もちろん当事者同士といえども事情や背景は人それぞれであり、互いに相容れないものがあっても当然です。しかし、長きにわたって孤独に過ごしてきた人びとにとって、ようやく見つけた居場所での様々な葛藤は、より熾烈なものとして経験されるであろうことは想像に難くありません。

さらに、第一章で紹介したUX会議の実態調査で指摘されていたとおり、勇気を振り絞って支援施設や行政の相談窓口に足を運んだにもかかわらず、スタッフの心ない言葉や振る舞いに傷つけられたという話も残念ながら珍しくありません。しかも、Bさんはカウンセリングなどの個別相談だけでなく生活面での支援も受けていたので、何に苦しんでいるのか支援者にきちんと理解してもらわなければ、ライフラインを絶たれてしまう可能性がありました。Bさんはこう語ります。

「話が通じないっていうのは実存的な問題と経済的な問題がぴったり重なっちゃってて、だから、それは死活問題でもあるの」

つまり、働くことのできない苦しみを支援者に分かってもらえるかどうかということは、自分がこの社会で生きることを許されるのかという「実存」に関わっているのみならず、衣食住の確保という「生存」にも直結しているというのです。こうしたエピソードは、ときとして支援の現場が排除の現場になりうることを教えてくれます。

†三つ目の〈語れなさ〉——話が通じない

ここで三つ目の〈語れなさ〉について考えたいと思います。三つ目はそのまま「話が通じない」ということです。Bさんのエピソードからもうかがえるとおり、こうした「話の通じなさ」は、とくに働くことをめぐるやりとりにおいて生じやすいように思われます。お互い字面としては何を言っているのか分かるけれども、相手が何を言わんとするのか捉えきれず、話は平行線のまま、そのうちまるで宇宙人と喋っているかのような気分になってくる。そういう経験をしたことはないでしょうか?

たとえば、当事者発信では支援批判が盛んに行なわれており、その主要なターゲットになっているのが就労支援です。ひきこもっている人々を一様かつ一方的に就労へと向かわせることに、多くの当事者が強い反発を示してきました。しかし、これに対して支援者や親、もっと言えば世間は「何だかんだ言っても働かなければ生きていけないではないか」と苦言を呈します。こうなると両者の主張はどうやっても嚙み合いません。なぜ嚙み合わないのでしょうか。それは、お互いの前提が食い違っているからです。

「働かなければ生きていけない」という言明においては、「働くこと」と「生きていくこと」は目的と手段の関係にあります。このことは「生きていくためには働かなければならない」というふうに、前半と後半を入れ替えると分かりやすいでしょう。ですが、当事者のなかには「生きていく」という目的を問わざるを得なくなっている人たちが少なからずいます。「ひきこもり」があってはならないとされる世の中で長くひきこもっていることは、その人の自尊心を引き裂き、苛烈な自己嫌悪へと追いやっていきます。そうしたなかで、生きることになんの意味があるのか、こんな思いまでしてなぜ生きていかなければならないのかと自問自答するようになることに、何の不思議があるでしょうか。

大阪で当事者活動を続けている泉翔さんは、根本的な問題は「生きる意欲」の喪失であるとして、次のように訴えます。「そもそも生きる意欲を失っている人に、就労という生きる「手段」としての「支援」を提示」することは、「これから自殺しようとする者に対して「お前はどうやって生きていくつもりだ」と声掛け」するのと同じくらい虚しい行為である、と（「当事者だからできる永久支援」『都市問題』第一一〇巻四号所収、二〇一九年）。

しかし、「働かなければ生きていけない」と言う人たち――「生きていくこと」を前提として「働くこと」が必要だと言える人たちに向かって、そもそもその前提を置くことができないから苦しいのだと返しても、重ねて「そうは言っても生きていく以上は働かなければならないではないか」と畳み掛けられることは想像に難くありません。このとき一方が実存的な問題を語っているのに対して、もう一方はそれを経済的な問題にすり替えているわけですが、このあとさらに「死なない以上は衣食住を確保しないわけにはいかないだろう。現にあなたは生きているのだから、そこはどうするのだ」と続けば、どこでどう話がすり替わったのかさえ分からないまま、実存的な話はどこかに追いやられてしまいます。だって、現に死なずに生きていることは否定できないのですから。

このように、両者が言い合ったときにどちらが有利かといえば、圧倒的に「働かなければ生きていけない」と言う人たちのほうでしょう。しかも、こちらは「働かざるもの食うべからず」といった社会通念に沿っており、たいていの当事者はそれを共有しています。ひきこもる人々は社会に反抗してひきこもっているのではなく、むしろ「こうあらねばならない」」という規範や要請に対して従順であるがゆえに逆にひきこもってしまうということは、これまで繰り返し指摘されてきました。したがって、働かなければならないという規範への囚われから「やっぱり間違っているのは自分のほうだ」と感じてしまい、自分の考えや思いを相手にぶつけることが難しくなってしまうと想像されます。

話が通じないどころか、いつの間にか捻じ曲げられている。働かないことは当事者を道徳的にも経済的にも脅かし、さらにその苦しみがまっすぐ伝わらないことが輪をかけて苦しみを増殖させていく。当事者たちはそんなループに嵌っているのではないでしょうか。

†四つ目の〈語れなさ〉――言葉を封じ込められる

先ほどのBさんと父親とのやりとりに戻りたいと思います。Bさんが「働くのがしんどい」と訴えると、決まって父親から「皆しんどい思いをしている」と返ってきたという話です。この父親の返答は、とりようによっては「皆しんどいのを我慢して学校に通ったり仕事をしたりしているのだから、そこで持ち堪えられないお前は弱くて甘えているだけなのだ」という意味にも取れます。ですが、Bさんから話を聞いた印象では、父親はむしろ息子に対して共感的であろうとしていたように感じられました。

もう少し言うと、父親は「皆＝世間一般の人々」と、そのうちの一人である自分の「しんどさ」をBさんに重ね合わせることで、息子を理解しようとしていたのではないでしょうか。これは私たちが普段やっていることでもあります。私たちは自分の手持ちのカードから相手の言動や振る舞いを当てはめられそうなものを探す（自分の経験から相手の経験を類推する）ことで、相手を理解しようとします。このとき前提になっているのは自分と相手が「同じ」であるということですが、どうやらこの前提こそがBさんのモヤモヤした思いと深く関わっているようです。

「要するに皆しんどいっていうふうに言われちゃう、と。でも、皆のしんどさと自分のしんどさが同じか違うか分かんないじゃない？　空が青いって言ってて、じゃあ自分が見てる青と、隣の人が見てる青が同じかっていう話になっちゃう。だから皆辛いんだよって言われちゃうと、どうにもなんない」

これは、父親の言うことは「あたりまえ」過ぎて反論できなかったという話からの続きです。「どうにもなんない」と話を一区切りさせたところで、Bさんは「ふふっ」と何とも形容しがたい笑いを漏らしました。この笑いには一体どのような思いが込められていたのでしょうか。

Bさんの父親は頭ごなしに怒鳴りつけるわけではなく、息子の言葉に耳を傾けようとする姿勢は持っているようでした。ですが、相手が「あなたの感じている辛さは私にも覚えがある。あなただけが辛い思いをしているわけではない」といったように共感や同情を示したのに対して、Bさんのように「あなたの辛さは私のそれとは違う」と感じてしまうときには、ちょっと厄介なことになります。歩み寄ろうとする相手を「あなたは分かっていない」と突っぱねるとき、たとえ相手のピントがずれていたとしても、だいたいは突っぱねた側のほうが大人げないと見られがちだからです。

しかも、話の脈絡や相手との関係性によっては、「あなたは分かっていない」という言葉は単なる拒絶ではなく、「自分の考えていることや感じていることを自分の思うとおりに理解してほしい」という過剰な要求にもなりえます。これがなぜ過剰な要求になるのかといえば、それは他者を完全に理解することも、望みどおりに操ることも不可能だからです。にもかかわらず、それを求め続けることは「わがまま」や「甘え」だということになります。つまり、適切に理解できない聞き手よりも（どういうふうに、どのくらい分かれば「適切な理解」と言えるのかという重大な問題は別にして）、理解を示そうとしている聞き手を受け止められない語り手のほう（だけ）に問題があるかのような構図が出来上がってしまうのです。

共感は一般的に「善いもの」だとされているため、往々にして相手の共感を受け入れない側に難があると評価されがちです。そうなると食い違いを訂正することに抑制がかかり、そもそも何がどう食い違っているのか見極める目も曇ってきて、当人が感じたことは行き場を失っていきます。何を言っても父親には伝わらず、言い返したら言い返したで偏屈とか狭量とかいったように見られる。「どうにもなんない」という言葉とともに漏らした笑いには、そうして鬱積された感情が表れていたように思います。このように自分の言葉がいつの間にか封じ込められてしまう。これが四つ目の〈語れなさ〉です。

†「分かる」が与える苦痛、「分からない」が与える安堵

ひょっとしたらBさんにしてみれば、父親から頭ごなしに怒鳴りつけられたほうが楽だったのではないかという気もします。というのも、そのほうが面と向かって「あなたの理解は間違っている」と反論したり、一方的な態度について抗議したりしやすいからです。ですが、こちらとしてはズレを感じているのに「あなたの言っていることは分かるよ」と言われてしまうと、そういうふうには返しづらくなってしまいます。

また、家族や友人に悩みごとを打ち明けたとき、ろくに話もしていないうちに「分かる分かる」と言われて腹が立ったことはありませんか？　そういうとき腹が立つのはなぜでしょうか？　それは、相手が自分を励まそうとしてくれているのは分かっても、こちらの気持ちが実際どういうもので、本当にお互いに一致しているのか大して吟味しようともし

ていないように思え、何だか自分の存在を軽く扱われて踏みにじられたような感じがするからではないでしょうか。

父親から「分からない」という一言を聞いたとき、Bさんは「ホッとした」そうです。「どうも俺はお前のことが理解できないみたいだなとかって、父親がふと言ったのね。それ、ちょっとホッとした。あ、そうだ、この人分かんなかったんだって、逆にホッとして（笑）そうなんだよ、それが聞きたかったっていうか、逆に。本音みたいな感じで言ったからさ、ふと、ふぅ〜っていう感じでさ。あぁ〜疲れたなぁ〜っていうぐらいの感じで。どうも俺にはお前のことが理解できないみたいだなって」

Bさんは話が通じないことに思い悩んできたにもかかわらず、どうして自分が求めていたのとは正反対の「俺はお前のことが理解できないみたいだな」という一言によって心が軽くなったのでしょうか。それは、この言葉が一見すると私とあなたは「違う」と突き放すもののようでありながら、私と「違う」からこそ自分とは別個の存在としてあなたを尊重しなければならないのだという気づきを含んでいたからではないでしょうか。そして、この一言によってBさんが安堵したのは、少し変な言い方になりますが、どうしても話が通じないということをちゃんと確認できるところまで、やりとりを重ねられていたからではないでしょうか。ほとんどやりとりしていないうちに同じことを言われていたら、尊重とは真逆の拒絶に感じられていたかもしれません。

　第二章では私自身の足取りを振り返りながら当事者に共感を示す側の経験を取り上げ、本章ではBさんへのインタビューを通して共感を示された側の経験を見てきました。共感とは相手の経験のなかに自分と「同じ」ものを見つけたときに生まれるものですが、この「同じ」がなかなかに曲者であることが重ねて確認されたのではないかと思います。

✝ふたたび、〈聴くこと〉は支援になるのか

　以上、二章にわたって〈語れなさ〉を四つに整理してきました。最後に、〈語ること〉は〈聴くこと〉とセットで考えなければいけないということを確認したいと思います。いくら自分の経験や思いを言語化できたとしても、それを聞き手がきちんと受け止められなければ（安易に分かったふりをするのではなく、自分には分からないと率直に認めることも「受け止める」に含まれます）、その言葉はなかったものになってしまいます。

　私が〈語れなさ〉およびそれと背中合わせになっている〈聴けなさ〉を問題視するのは、支援に対するニーズが的確に伝わらず困りごとが解決されないままになってしまうから、というだけではありません。それよりもっと深刻な問題が孕まれていると考えるからです。つまり、自分のことをうまく語れないことは自分という存在を確かなものとして感じられ

なくなることにつながり、また語っても聞き届けられないということが繰り返されれば、自分はここにいるのにまるでいないかのように思えてくる。そんなふうに自分の存在を脅かされる事態が生じてしまうということが最大の問題なのです。

確かにいるはずなのに、いないように扱われる。いることを認めてもらえない。〈語れなさ〉を突き詰めていくと、そういうところに行き着きます。「ひきこもり」の当事者の苦悩は、こうした存在の無視に結びついているのではないでしょうか。共感も受容も自らに無理に強いることなく、その人がいるということをただ認める、いえ、その人は現に存在しているのですから、本来それを認めるも認めないもないのです。

コラム② ひきこもりは怠け？

ひきこもりを怠けとみなすような視線は今なお根強い。これに対して「本人はひきこもっていることを認められずに苦しみ、必死でもがいている。決して楽などしていない」という反論がある。その通りだと思う一方で、これではひきこもりへの非難に十分に立ち向かえないとも感じる。もっと明確に「ひきこもりは怠けではない」と言えないだろうか。そこで考えてみたいことがある。ひきこもりは〝何もしていない〟ということなのだろうか。

こんな話を当事者からよく聞く。「ふだん何してるかっていうと、テレビ観て、ネットサーフィンして、たまに筋トレやって、あとは散歩とか？　それから週一くらいでフリースペースに顔出すくらいで、まぁ何もやってないよね」。ちょっと考えれば、テレビ視聴、ネットサーフィン、筋トレ、散歩、フリースペース通い、いろいろなことをやっているのは明らかだ。それでもなお〝何もしていない〟と感じた人には、こう訊いてみたい。「では、何をやっていれば〝何かしている〟と認められるのですか？」

結論だけ言えば、学校に通ったり、お金を稼いだりしていない限り〝何かしている〟とは認めない、それが今の世の中ではないか。やるべきことをせず無駄に時間を過ごしているように見えるから怠けだと言われるのだろう。しかし、就学・就労だけが〝やるべきこと〟なのだろうか。これはとても乱暴で狭い見方だ。生きるということを矮小化していると言ってもいい。

当事者にインタビューするようになって一〇年余り、かれらの言語表現の豊かさ、自己や社会に対する洞察の深さに感服させられてきた。かれらがもともと高い能力を持っていたというより、それだけのものを磨かずにはひきこもった自分を受け止められなかったのだと想像する。当事者は自分の人生に納得し、生き抜いていくうえでとても大切な〝何か〟を得ていると私は思う。そして、その〝何か〟に触れると、私もまた自分の人生を問わざるを得なくなるのだ。

ひきこもりは怠けではないと主張したい。しかし、根本的には、怠けなのかどうか第三者が評価することではないと思っている。それは自分のモノサシで当事者を裁くことにほかならないからだ。ここに書いたのは、あくまで私自身が選んだ物の見方である。外側からは何が起きているのか全く分からず、また本人でさえ自覚できていないのだとしても、積み重なっているものがきっとある。そういう見方だ。当事者本人を含め少しでも多くの人に、この視点を共有してもらえることを願う。

（初出：『不登校新聞』第三九六号、二〇一四年一〇月）

第六章

支援論

——フラットな関係を目指して

†なぜ当事者の声は軽く扱われるのか

〈聴くこと〉はそれ自体が支援になるという立場から、本章では支援する側と支援される側の関係について考えたいと思います。まず考えたいのは次のことです。なぜ当事者の声は取るに足らないものとして隅に追いやられ、本人以外の誰か（専門家や親たち）の声が優先されるのでしょうか。

厚生労働省による『ひきこもりの評価・支援に関するガイドライン』（二〇一〇年公開）では、当事者にとって「社会生活の再開が著しく困難」になっているのは、「社会的な活動からの回避が長期化」するなかで「年齢相応の社会経験を積む機会」を逸しているからだ、という見解が示されています。つまり、社会学者の伊藤康貴さんが指摘するように、「ひきこもり」は「未熟な若者の問題」と理解されているわけです。こうした前提のもとでは「基本的に精神科医やカウンセラー等、医療や福祉の文脈でいう専門家によって、「当事者」のどこが問題であるのかが決定」され、当事者自身の問題定義は退けられることになります（「「ひきこもり」の当事者として〈支援〉するということ」『理論と動態』第七号、二〇一四年）。

また、親子関係でも当事者ではなく親の声のほうが大きくなりがちです。なぜなら、経済的な自立を果たしてこそ一人前という世間の常識に照らしても、「ひきこもり」の当事者は年齢とは関係なく子どもの位置に立たされるからです。

たとえば、ある集まりで三〇代の息子がひきこもり続けているという女性と話していたときのことです。ほかの参加者たちと一緒に話を聞いていくなかで、ある人が「息子さんはインターネットを通じて誰かとつながっているかもしれないし、外出先で誰かに会っている可能性もあるのではないか」と投げかけたところ、その女性は「それはない。子どものことは何でも分かっている」と即答しました。私を含めてその場に居合わせた人たちは、その断定的な口調に唖然としてしまいました。ひきこもっている状態が長く続いているとしても、彼女の息子さんは年齢的にはもう「立派な大人」だからです。ところが、この女性は自分から独立した世界を息子さんが持っているとは思いもよらないようでした。

そのあと「たまには息抜きしませんか？」と親睦会に誘ってみましたが、「息子の食事を用意しなければいけないから」と、そそくさと帰って行きました。日頃どんなふうにコミュニケーションを取っているのかは聞けませんでしたが、彼女の様子からすると、息子さんとの間で対等な話し合いが行なわれているとは思えません。幼い子どもであっても、よくよく話を聞いてみると、その子なりの世界観や理屈をちゃんと持っているものです。ましてや当事者たちはいい歳をした大人です。何も考えていない、何も分かっていないなどということはありえません。

続いて第四章でも取り上げた工藤定次さんがマスコミの取材を受けていた当事者への違和感を綴った文章の一部を取り上げましょう（『脱！ひきこもり』ポット出版、二〇〇四年）。

「何か違う。また、この青年たちは「できない私たちのことを認めて」などとも言うのである。

私とて、ひきこもりの青少年たちが、社会経験の穴を埋めずに、最初からなんでもできるとは思っていない。「穴さえ埋めてしまえば、自立できる」と固く信じているし、それは現実的事実でもある。ところが、その人たちはなんら努力することもせずに、「できない」と表明するのだから、驚きである」

「穴さえ埋めてしまえば、自立できる」という部分だけ見れば、工藤さんは当事者たちのポテンシャルを積極的に評価しているように思えますし、実際そうだったのだろうと思います。ですが、「「できない私たちのことを認めて」などとも言う」や、「その人たちはなんら努力することもせずに」という決めつけとも取れる言い回しには、「できない」という言葉の背後にある思いや経験を無視する態度が潜んではいないでしょうか。

周りからすると、ひきこもっている人々はやるべきことをやらず、無為に時間を過ごしているように見えるかもしれません。ですが、その見方は間違っています。第四章で取り上げた聞風坊さんは自身の経験を克明に記した著書において、ひきこもっている間は「決して世人が考えるように甘えたり、怠けたり、暇をもてあましてぼーっと昼行灯を決め込んだ状態ではない」と述べています（『こもってよし！』鉱脈社、二〇〇五年）。彼は心身に生じた劇的な異変に振り回されながらも自己を見つめ、他者との関係を振り返り、社会と再接続する契機を探しました。その苦しみに満ちた試行錯誤の記録は大変読み応えがあり、ひきこもっている間にも経験が分厚く蓄積されていることがよく分かります。しかし、その蓄積を正当に評価できるものさしを世間は持っていないために、聞風坊さんの言葉は軽んじられ、聞き届けられることもありませんでした。

「今まで、私の言葉は聞き入れてもらえたことはなかった。なにせ私は、能なし知恵なし根性なしと思われていたので、私の言葉など聞く耳持たれず、いくら声を大にして理にかなった説明をしても聞き入れられることはなかった。それでも努力して自分の言語能力を高めて二〇年近く言葉を砕いてわかりやすく説明し、相手の立場も意見も理解もしたつもりであったが、結局、相手にとって私の言葉は雑音でしかなかった」

ひきこもっている間のことは履歴書には「空白」としてしか残らなくても、人生そのものが「空白」になるわけでは決してありません。ところが、一般的に「経験」とはあくまで「社会経験」に限定されがちであるため、そこに「穴」が空いている人々は「能なし知恵なし根性なし」と見られ、何をどう語っても、その声は取り合う価値のない「雑音」として虚しく消えていってしまうのです。

†「あなたのために」の怖さ

ところで、「あなたのために」という言葉にも息苦しさを覚えます。第四章で支援の名のもとに振るわれる暴力について厳しく批判しました。では、どういうときにある言動や振る舞いが暴力的に感じられるのでしょうか。それは、自分自身の「本当のところ」を見てもらえず、相手の好きなようにされてしまうようなときではないでしょうか。ここにもやはり、〈語れなさ〉が関わっています。

その人の声に耳を傾けようとせず、あるいは耳を傾けているつもりでも自分の聞きたいことだけを聞き、自分の「あたりまえ」で相手の言葉を上書きして塗り潰してしまう。そして、自分の望ましさと相手のそれとの区別がつかなくなり、さらには「あなたのために」という美しい言葉でくるんで、無理やり押しつけていることに気づかない。暴行を加えたり罵詈雑言を投げつけたりするのは、とても分かりやすい暴力です。しかし、「あなたのために」という一見思いやりに満ちたその言葉が幾重にも重なる〈語れなさ〉のうえに成り立っているのだとしたら、その言葉のもとになされることは愛情を装った暴力でしかありません。

ここで二〇二〇年一一月にNHKで放送されたドラマ「こもりびと」を紹介したいと思います（脚本・羽原大介）。このドラマは丁寧な取材に基づいて制作され、多くの人たちが経験している苦悩を描き出した作品です。ここで描かれていたのは親子のせつない関係です。「せつない関係」というのは、ソーシャルワーカーとして長年「ひきこもり」の支援に携わってきた長谷川俊雄さんの講演で聞いた言葉です。親と子は互いに思い合っているのに、その思いが嚙み合わないという関係のありようを指したもので、深く納得させられました。

さて、主人公は元教師で地元でも尊敬を集めている男性です。四〇歳になる息子は一〇年間ひきこもっており、この男性はそれを恥だと感じて誰かに相談することもできず、また息子ともろくに会話できないでいました。ですが、末期ガンを患い余命宣告を受けて、最後にもう一度息子と向き合おうと決意するところから物語は始まります。

クライマックス、もう生きるのはやめると夜中に家を飛び出した息子を追いかけ、この男性は必死ですがりつきます。ですが、息子はその手を振り払い、感情を爆発させました。

「あんたさ、そんなに偉いのかよ？　俺はそんなに生きてる価値ない人間ですか？　ねえ？　そんなに生きてちゃだめなの?!　あんたの期待を裏切るたんびに、俺はいっつもビクビクしてた。生きてちゃいけないんじゃないかって。いっつも思ってたよ。受験に失敗したときも、正社員になれなかったときも、仕事辞めたときも。いっつもいっつもいっつも、いっつも、毎日思ってたんだよ」

父親が認めるような大学に入れず、就職氷河期だったこともあって正社員になれず、重いストレスを抱えて働くこともままならなくなってしまった。「期待を裏切る」という言葉からは、それでも彼が父親の期待に応えようと懸命にやってきたことが伝わってきます。ですが、かつて父親はそうした気持ちを酌もうともせず、「生きてる価値もないクズ人間」と罵ったのです。ですが、ここに来てようやく息子の悲痛な叫びが届いたのか、父親は涙ながらに訴えます。

「大事に思ってたんだよ！　だからお前には、頑張って欲しかったんだよ。ただそれだけなんだよ」

そして、「嘘つくなよ」とむせび泣く息子に、父親はさらに訴えかけます。

「いや！　いい父親じゃなかったかもしれん。でもな、俺は、俺なりに、家族を大事に、お前を大事に、そう、かけがえのない息子だと思ってたんだよ！」

父親はその場で吐血して病院に運ばれ、そのまま帰らぬ人となりました。ラストシーンはお葬式です。喪主は自分がやると言ったもののお寺に入れず、最後の最後になってやっと列席者の前に立った息子は、父親への思いを語りました。

「父はまじめで、一生懸命な人で、教師としても父親としても正しく立派だったと思います。けれども僕は、そんな父の期待に応えたい、応えなければいけないという重圧で、がんじがらめになり動けなくなってしまいました。父は残された時間を僕を支えるためだけに費やしてくれました。ですがもう父は、この世にいません。ありがとうと言うことすらできません」

感動的なシーンのはずなのですが、私は違和感を禁じえませんでした。なぜなら、暴言を吐かれた痛みや怒りはどうなってしまうのだろうと思ったからです。大切な存在だからこそ良い人生を送ってほしいと願っていただけなのだ。父親のその思いに嘘はないのでしょう。ですが、そうだとしても「生きてる価値もないクズ人間」という言葉は間違いなく暴言であり、とうてい許されるものではありません。にもかかわらず、愛情なるものでパッケージングされてしまうと、その言葉によって傷つけられた痛みや憤りは行き場を失ってしまい、それればかりか感謝しなければならないと、そうした感情を自ら封じ込めてしまうことになります。

この親子は果たして和解できたのでしょうか？　封じ込めた感情はくすぶり続け、いつか心を食い破って暴れ出しはしないでしょうか？　「あなたのために」という言葉は美しく、それだけに恐ろしいものでもあります。

†「ひきこもり」の支援は不信に根ざしている?

「ひきこもっている人びとへの不信に根ざしているのではないか。そんなふうに思うことがあります。

もちろん、支援者や親御さんがひきこもっている本人を思いやり、心配していることを否定するつもりはありません。しかし、心配と不信は紙一重です。「あなたのことが心配だ」というメッセージは、それを発している側の真意はどうであっても、「あなたが自分でどうにかすることはできない。あなたは無力だ。あなたのやり方は間違っている」というふうに聞こえてしまうことがあります。これは私自身が母親との関係でずっと感じてきたことでもあります。親は子どもがいくつになっても心配なのだということは分かりますし、思いを寄せてくれることに感謝もしています。ですが、それでも私には私の考えがあり、私なりのやり方があるということをもう少し認めてくれてもいいのではないか、という気持ちを抱いてきました。

子どもとはいえ自分とは別の人生を歩んでいる存在として認めて尊重してほしい、もっと信じてほしいと思います。それでもやっぱり心配だったり自分自身が不安だったりして、何かやってあげたくなってしまうものなのでしょう。そういうときは、自分の不安や心配をまずは自分自身がきちんと受け止め、そうした気持ちでいることを相手に率直に伝えることはできないのでしょうか。

支援とはどうしても暴力性を孕んでしまうものだと私は考えています。なぜなら、どれだけ誠実かつ慎重であろうとしても相手の意を汲みきることはできず、また、相手に対する自分の理解が正しいのかどうか誰にも判断することはできません。そうである以上、押しつけや決めつけを完全に取り除くことは不可能だからです。しかし、こうした限界があるとしても、暴力性を最小限に抑えようと努力することは必要です。「あなたのためにやってあげる」ではなく、「私が心配で不安だからやってあげたいのだ」と自覚し、そのうえで「私に何かできることはないだろうか」と相手に投げかけてみる。そうやって相手に対して自分を開いていくことが、何より大切なのではないでしょうか。

†そもそも「ひきこもり」を支援するとは？

支援は不信に根ざしている側面があるのではないかということと合わせて指摘したいことがあります。一般に「ひきこもり」の支援は働いて稼げるようになることが最終目標とされており、要はひきこもるのをやめさせるために行なわれています。もちろん、そういう支援を望んでいる当事者もいるでしょう。ですが第一章で見たように、こうした支援に不満や抵抗を抱いている当事者もたくさんいます。

数年前から、私の周りでは「ひきこもりＱＯＬの向上」を新たな目標として掲げる人たちが現れています。たとえば、歯医者に行きたいけれども外に出るのは辛いので自宅まで出張してほしいといったように、ひきこもったままでも安心して楽しく暮らせるようになるためのアイディアを出し合い、その実現を図っていく動きです。

この話を初めて聞いたときは、目からウロコが落ちる思いでした。そして、ひきこもっている本人を認め、受け入れることが大事だとしながらも、現状の支援は結局のところ、ひきこもっていることを否定している側面があることに気がつきました。ひきこもったまま一生ずっと過ごせたらいいとまでは思っていなくても（中にはそういうふうに思っている人もいるようですが）、今はひきこもっていたいというニーズは確かにあります。だとしたら、ひきこもっているのをやめさせるだけでなく、存分にひきこもれるようにするという方向性があってもよいはずです。

そんなことをしたら、いつまでだってひきこもり続けてしまうではないか。そう思う人もいるでしょう。ですが、安心感を手に入れることができたら、自然と体が動き始めるかもしれません。もしそうなったら、そのときはひきこもることをやめる方向へとシフトし、そうならなければそうならないで本人が納得いくようなかたちで過ごせる手立てをまた探せばよいと思うのです。なぜひきこもっている状態から抜け出させることだけが「ひきこもり」の支援になっているのか。それは、当事者が自ら動き出す可能性を、周りが（ひょっとしたら当事者自身も）信じられないからなのではないでしょうか。

†信頼に根差した支援へ

まだ大学院生だった頃に長谷川俊雄さんの講演会に出かけたことがありました。〈動けなさ〉が見えず、当事者に対して苛立ちやもどかしさを募らせていた頃のことです。講演が終わったあと長谷川さんと話すことができたので、私は思いきって自分のモヤモヤを打ち明けてみました。「いくらありのままのその人を認めることが大事だと言っても、このまま働くことができなかったらどうするんでしょう?」。すると、長谷川さんからは「なぜあなたがそんなことを心配するの?　先はまだまだ長いし、本人がどうにかしていくんじゃないの?」といった答えが返ってきました。まさかそういうふうに返されるとは思っていなかったので、私は面食らってしまいました。そして、「何だか冷たい。どうしてそんな突き放すような言い方をするのだろう?」と、さらにモヤモヤした気持ちになってしまいました。

このときのやりとりは何年も消化できないまま私の中に残りました。ですが、第二章で振り返ったように何とか当事者を理解しようとジタバタし続けているうちに、少しずつ納得できるようになっていきました。周りが勝手に心配して何かを与えなくても、かれらは自分で考えて自分で行動できるはずだ。本人の頭を飛び越え、周りが先回りして動かなくても大丈夫だ。あのとき長谷川さんが言いたかったのは、そういうことだったのではないでしょうか。

また、ある当事者からこんな話を聞いたことがあります。コラム②でも書きましたが、ひきこもっている間は「何もしていない」と見られがちです。また、ひきこもっている本人もそのように感じてしまい引け目を募らせていきます。ですが、何もしていないようでいて実はそうではありません。その人が言うには、ひきこもって苦しんでいる間にも生きていくためのエネルギーは少しずつ溜まっていっているのだそうです。コップに一滴ずつ水が溜まっていくイメージで、本当に少しずつだけれどもエネルギーが蓄えられているのだといいます。一滴一滴でも確実にコップの水は増えていって、あるとき溢れ出す瞬間がある。そうなったときにやっと動き出せるようになるのだ、と。

しかし、周りから急かされたり、お説教されたり、何か心を削られるようなことがあると、その削られたものを取り戻すために、せっかく溜まっていたエネルギーを使ってしまいます。そういうことが繰り返されると、いつまで経ってもコップは一杯になりません。周りから見て何もしていないように見えても、その人の中では着実に何かが起こっている。そう信じて、しぶとく相手と付き合っていくことが大事なのだと思いました。もちろん先のことは誰にも、本人にも分かりません。ただ、当事者は決して未熟で無力な存在などではなく、生きていくためのエネルギーを少しずつ蓄え、ひきこもるなかでも信念や知恵など多くのものを培っています。「あなたが心配する必要はない」という長谷川さんの言葉は、その蓄積を信じているからこそ出たものだったのだと今は理解しています。

信頼とは相手に対する賭けのようなものです。たとえば、宝くじを買うのは万が一にでも当たるかもしれないと思っているからであって、外れても怒ったりはしません。そして、何度外れても性懲りも無くまた買って、「当たったらいいなぁ」とドキドキしながら抽選を待ち、やっぱり外れる。そんな繰り返しではないでしょうか。信頼もこれと似たようなもので、ひょっとしたらうまくいくかもしれないという可能性を相手に賭けてみて、うまくいったら儲けもの、うまくいかなくてもまた賭けてみる。そのくらいの感じがちょうどいいように思います。

ただし、支援というものは「する側」と「される側」の双方がいて初めて成り立つものなので、いくら一方が支援したい、あなたの可能性に賭けてみたいと申し出ても、もう一方がそれを了承することなしには支援をスタートすることはできません。また、いくら支援しようとする側が心を砕いても、相手が支援されることを必要とするタイミングになければ拒まれても仕方がありません。勝手に当事者を支援される側に立たせてどうこうしようとしても、それは土台無理な話です。

さらに、支援の申し出が受け入れられたとしても、支援する側の思う通りにいくとは限りません。どういう展開になってもそれを受け止めること、うまくいくことを期待しないようにすることが大切だと思います。期待しないと言っても、それは「あなたにはできない（＝あなたは無力だ）」と決めつけることではありません。うまくいくかどうかという結果も含めて、とにかく本人にまかせてみる。もしうまくいかなかったら、うまくいかなかったそのときに、その人の傍らにいる者として、何ができるのかを一緒に考えればよいと思うのです。

†依存先／選択肢を増やすこと

横道に逸れるようですが、自立するとはどういうことなのかという話を少ししたいと思います。一般的には「自立＝経済的自立」という見方が強く、ひとりで生活を回せるようになることだと考えられています。これに対して私が一番しっくりくるのは、小児科医で脳性麻痺の当事者でもある熊谷晋一郎さんの自立観です。熊谷さんは「一般的に『自立』の反対語は『依存』だと勘違いされていますが、人間は物であったり人であったり、さまざまなものに依存しないと生きていけない」と主張しています（「自立は、依存先を増やすこと　希望は、絶望を分かち合うこと」『TOKYO人権』第五六号、二〇一二年）。

「東日本大震災のとき、私は職場である五階の研究室から逃げ遅れてしまいました。なぜかというと簡単で、エレベーターが止まってしまったからです。そのとき、逃げるということを可能にする〝依存先〟が、自分には少なかったことを知りました。エレベーターが止まっても、他の人は階段やはしごで逃げられます。五階から逃げるという行為に対して三つも依存先があります。ところが私にはエレベーターしかなかった」

ここでの「依存先」は「選択肢」と言い換えたほうが分かりやすいかもしれません。熊谷さんは車椅子でなければ移動できないため、地震が起きたときにはエレベーターで逃げるという選択肢しかありませんでした。一方、健常者はそれに加えて、階段を降りる、梯子を使うという選択肢がありました。つまり、選択肢が三つあったわけです。

熊谷さんはこの経験から、「健常者は何にも頼らずに自立していて、障害者はいろいろなものに頼らないと生きていけない人だ」と思われているけれども、実はそれは「勘違い」なのだと指摘します。今の世の中では、ほとんどのものが健常者を基準にデザインされているため、健常者は自分たちが色々なものに依存しているということを意識せずに済んでしまいます。ですが、実際には一人で何でもできているのではなく、色々なものに依存しているから色々なことができていることを認識する必要があります。そして、熊谷さんはこう主張します。

「実は膨大なものに依存しているのに、「私は何にも依存していない」と感じられる状態こそが、〝自立〟といわれる状態なのだろうと思います。だから、自立を目指すなら、むしろ依存先を増やさないといけない」

もうちょっと寄り道を続けると、この熊谷さんの見解に触れてから、私は自立を次のように捉えるようになりました。すなわち、誰の手も借りず一人で生きていけるようになることが自立なのではなく、困ったとき苦しいときに助けを求められることが自立である、と。それからは学生に対しても、自分だけではどうにもならないときがあると認められること、ＳＯＳを素直に出せるような関係を作っていけること、それが大人になるということではないか、といった話を折に触れてするようになりました。そして、そういうときはいつも、私自身がＳＯＳを出してもらえるような、安心して依存してもらえるような存在になっていかなければならないと、身が引き締まる思いがします。

支援する側がやるべきことは、まず自分自身が依存先として頼ってもらえる存在に育っていくこと、相手にとって使えそうな依存先＝選択肢をひとつでも多く提案できるようになることなのではないか。そして、先回りしてあれこれ言いたくなる気持ちをぐっと堪え、何を選び、何を選ばないのかは本人にまかせることなのではないか——。こう書いていて、それは何と難しいことかと思います。ですが、相手を信頼するとはそういうことなのではないかと改めて感じています。

†「ダメ人間」でもなく「聖人」でもなく

では、支援する側と支援される側はどんなふうに付き合っていけばよいのでしょうか？繰り返しになりますが、「経済的自立こそが自立である」という意識が強い今の世の中では、ひきこもっている人びとの多くは経済力を持たないがゆえに「一人前の大人」としては認められず、その言葉も軽く扱われがちです。ですが、いわゆる「社会経験」は不足していたとしても、生きてきた年数なりの経験が蓄積されていることを見逃すべきではありません。にもかかわらず、かれらを未熟な存在とみなし、保護すべき対象として一方的に扱うことには強い疑問を感じます。

しかし、だからと言って変に当事者を持ち上げるような扱いにも違和感を覚えます。ひきこもっている人びとを無力で劣った存在、くだけた表現をすれば「ダメ人間」として扱うことは当然あってはなりません。ですが、反対にかれらを「聖人」のように扱うのもおかしいと思います。たとえば、ひきこもっている人びとを肯定的に受け止めようとするなかで、しばしば次のような当事者像が語られます。かれらはとても優しく繊細な心の持ち主で、感受性も鋭い。多くの人が気づいていない社会の矛盾もしっかり捉えることができており、実は非常に高い能力を持っているのである——。無能扱いするよりはましなのかもしれませんが、どこか過剰な感じがします。

そのせいなのでしょうか。こうした視線に対して抵抗を示す当事者もいます。もうずいぶん前のことになりますが、ある当事者とおしゃべりをしていたとき、その人がふと漏らした「俺はそんなに好青年じゃないよ」という一言が深く印象に残っています。また、博士論文を書き上げたあと別の当事者にインタビューしたときに、何だか話をはぐらかされているような感じがして、しっくりこないまま終わってしまったことがありました。ですが、音声データを文字に起こしながら、自分が相手に対して「すごい」とか「素晴らしい」といった言葉を繰り返していたことに気づき、ハッとしました。つまり、私はその人を意識せず「聖人」扱いしていたのです。話をはぐらかすような受け答えは、そういう私の扱いに対する抵抗だったのかもしれません。

人間には良いところもあれば悪いところもある、そういうごくごくあたりまえのことを、なぜか「ひきこもり」の当事者に対しては忘れがちになってしまうようです。「ダメ人間」であろうが「聖人」であろうが、どちらも相手を一面的に捉えている点では一緒です。また、針が振り切れている方向がマイナスとプラスの正反対ではあるけれども、当事者を特異な存在として見ていることに変わりはありません。その意味では「ダメ人間」だけでなく「聖人」も差別的な見方であると言うことができます。

†フラットに付き合う――「同じ」と「違う」が無効化される地平

しつこいようですが、最後にもう一度、共感に話を戻したいと思います。前章でBさんのお話をもとに論じたとおり、自助グループなどでは参加者同士が「同じ」だと前提するからこそ得られるものがあります。ですが、その前提ゆえに「違い」に対する感受性が鈍り、自分の「あたりまえ」で相手を塗りつぶしてしまうような事態が生じえます。相手の声に注意深く耳を傾け、自分の手持ちのカードと慎重にすり合わせていくためには、自分と相手は「違う」ということを頭の片隅に置いておく必要があります。

私が当事者に対する共感をあえて手放すことにしたのも、自分と「同じ」ところばかり見ようとするあまり、当事者との向き合い方が雑になっていることに気づいたからでした。ただし、今の私は当事者への共感を、以前ほどには自分に対して固く禁じていません。というより、当事者と自分が「同じ」なのか「違う」のかということへのこだわりがほとんど失せてしまいました。昔と比べると、ずいぶんリラックスして現場にいられるようになったと思います。

当事者に対して無理に共感しようとしない。ひきこもったことのない私にはどうしても理解できないものがある。そういう見地から博士論文をまとめて書籍化したあと、本を読んでくれたある当事者から、「まさかこんなにも深いところまで分かっているとは思わなかった」という感想をもらいました。当事者のことを分かりたい、私には分かるはずだと思っているときには、まったく言ってもらえなかった一言です。ところが、分からないと認めた途端に大きな手応えが返ってきて、私は喜ぶより前に戸惑ってしまいました。

当事者のことは分からないと認めたうえで、当事者の経験をどのように読み解いたのか手短に振り返っておきましょう。私がどうしても分からなかったのは、当事者の多くが「働きたい（働かなければならない）」とか「人ともっと関わりたい」といった切実な思いを持ちながらも、どうしても身動きが取れないでいるということでした。かれらはなぜ動けないのだろうか？　この改めて立ち上がってきた問いに、私は次のような答えを出しました。

当事者たちはひきこもることによって、もう少し丁寧に言えば、ひきこもることを否定され続けることによって、生きることとの意味とは何か、自分の存在価値とは何なのかといった〈生〉をめぐる問いに向き合うことを余儀なくされている。それは呼吸をしていることに意識を向けた途端に息苦しくなってしまうことと似ており、実存的問題に真っ向から対峙することは生きることを難しくさせてしまう。そう考えれば体が硬直しているかのように動かないことにも納得がいく、と。こうして私は当事者たちの苦しみを就労や対人関係の難しさに留まらず、生きることそのものに深く食い込んでいるものとして理解するようになりました。

第二章では、このように「ひきこもり」を捉え直すにあたりイギリスの社会学者ギデンズから大きな示唆を得たと述べましたが、実は私自身の個人的な体験も深く関わっています。それは父の突然死です。修士課程の二年目に入ってすぐのことでした。昨日まで普通に暮らしていたはずが、翌朝になったら父は寝床で冷たくなっていました。これまでずっとあたりまえにあった日常、これからもずっと続いていくと思っていた日常がいきなり断ち切られたのです。こうして日常がいかに儚く脆いものであるのか思いもよらず突きつけられ、私はしばらく外に出るのが怖くなってしまいました。

一番怖かったのは電車です。人の目が怖いとか、そういうことではありません。電車に乗って、その電車が目的地まで無事に辿り着くとは限らない、いつ脱線事故が起きてもおかしくない。そういう今まではまったく意識もしなかった可能性が視界に飛び込んできたことに驚き、戸惑い、恐怖してしまったのです。それと同時に、いつでもそういう可能性はあったのだけれど、それまでの私はそんなことは起きないだろうと無意識的に信じていた（自分が何かを信じていることすら意識せずにいられた）こと、そして、日常とはそういうふうにして成り立っているものだということを実感しました。

このときの激しい動揺は数カ月のうちに日々の暮らしに紛れていきましたが、何人かの当事者から実存的な葛藤を聞くようになって（というより私の耳がそういう話を聞けるようなものに変わってきて）、不意に電車に乗れなくなったときの感覚が蘇ってきたことがありました。そして、この感覚は当事者たちの〈動けなさ〉と極めて近いのではないかと閃きました。つまり、通常だったら意識にも上らず、だからこそ平気な顔でいられるような何かが剝き出しになり、足がすくんでしまう。それが〈動けない〉ということなのではないか、と。「そういうことだったのか！」と膝を打ちたくなるような瞬間でした。

それ以降、当事者への共感に対するこだわりは、自分でも驚くほどに小さくなりました。生きることをめぐる苦悩や葛藤から自由でいられる人などなく（もちろん私自身も例外ではありません）、誰もが自分の意思や努力ではどうにもならない数々のままならなさに囲まれ、それらと何とかして折り合いをつけようともがいている。共感するとかしないとか言うまでもなく、私たちはそういう意味で「同じ人間」なのだ。それを実感できたことで、共感に囚われる必要がなくなったのです。

それと同時に、当事者と自分は「同じ」なのか「違う」のかという問いも、ほどけていきました。しかし、だからと言って、ひきこもった経験の有無をはじめとする多くの「違い」を軽視しているわけではありません。むしろ上に述べたような意味で「同じ」だと実感できるようになってからのほうが、お互いの相違を冷静に受け止められるようになった気がします。つまり、様々な事情を抱えながらも自分の置かれた状況のなかで必死に生き抜こうとしているのは私も、当事者も、誰でも「同じ」であるという視点を獲得したからこそ、逆に自分と相手がどう「違う」のかということを見つめられるようになったのです。

それぞれの事情の大小や軽重を自分のものさしで勝手に評価せず、その中身はどうであれ何らかの事情を抱えているということ、このことをもっと尊重できるようになりたいものです。周りから見てどんなに恵まれているように見えても、どんなに些細な悩みであるように見えても、その人の悩みはその人にとっては一大事です。誰が一番つらいのか、どちらのほうがつらいのか、そんなふうに「つらいものランキング」を作るのはもうやめたい。高圧的にも卑屈にもならず、当事者のみならずどんな人ともフラットに関われるようになりたい。今はそんなふうに思っています。

コラム③ 「ひきこもり」の核心

「ひきこもり」とは何だろうか、ひきこもる本人にとってそれはどういう経験なのだろうか、ということをずっと考えてきました。「ひきこもり」の調査研究を始めてから約二〇年。いまだにはっきりした答えを出せていません。

私が「ひきこもり」に関わるようになったのは二〇〇〇年末、「ひきこもり」が社会問題として広く認知されるようになってまだ間もない頃でした。その当時は支援者や臨床家などが作成した定義が乱立し、また、当事者が集まる場（ウェブ上の掲示板も含めて）では誰が本当の「ひきこもり」なのかをめぐって盛んにやりとりが行なわれていました。そうしたなかで最も定着・浸透したのは、斎藤環さん作成のものをさらにシンプルにした「家族以外の対人関係が長期にわたって失われている状態」という定義でした。私もこのような状態にあることを指して「ひきこもっている」という動詞を使ってはいるものの、「ひきこもり」という名詞形になると何だか違和感を覚えます。

ところで、近年「ひきこもり」が増えているとか、裾野が広がっているといったことが言われています。ですが、実はそうではなくて、そのように見えるのは今まで「ひきこもり」としては捉えられていなかった人たち・問題も含められるようになったということなのではないでしょうか。たとえば、中高年の「ひきこもり」の増加。このところ四〇代・五〇代の占める割合が高くなっていることが関心を集めていますが、これは以前からひきこもっていたかつての若者たちの多くがそのまま年齢を重ねて中高年になったという長期化・高年齢化の問題に加えて、これまで働いていた人たちが何らかの事情で失業し、それをきっかけに社会との接点を失ってしまったという問題も新たに「ひきこもり」と括られるようになった、ということなのではないでしょうか。

たしかに上記の定義に照らせば、どちらも「ひきこもり」ということになります。ですが、この二つは問題の質が異なっているはずです。それでも両者が「同じ問題」として扱われるのは、収入を持たない中高年層が老親の年金に頼らざるを得ず、いずれは共倒れしていくといういわゆる「8050問題」によって結びつけられているからでしょう。なるほど様々な事情から孤立に陥り、生活が困窮していくという事態は共通しています。しかし、「社会的孤立」や「生活困窮」には収まりきらない何かが「ひきこもり」という言葉には託されており、そこにこそ「ひきこもり」の核心があると私は直感しています。

では、その「何か」とは一体何か。それは生をめぐる葛藤です。どうしても親と通じ合えない。働きたい、働かなければならないと思っていても、どうしても働くことができない。世間の様々な常識から自らを解き放つことが必要だと分かっていても、どうしてもその囚われから自由になれない。自分の努力や意欲だけではいかんともしがたい壁に阻まれ、思うように人生を歩めない——。こうした数々のままならなさと真っ向から取っ組みあっている、そういう生のありようこそが「ひきこもり」なのではないか。私は今、そのように考えています。

もちろん、ままならなさと向き合っているのは当事者だけではありません。誰もがそうやって生きている、いえ、そもそも生きるとはそういうことなのだと思います。何も当事者だけが特別なわけではありません。このように考えてみると、当事者と私（たち）の間に、どれほどの違いがあるというのでしょうか？

（初出：『教育と医学』第六八巻三号所収、二〇二〇年三・四月号所収「ままならなさと共に生きる」より一部抜粋したものを修正）

コラム④　共感ではなく存在認めて

約二〇年、研究者としてこの問題に関わり、当事者と交流してきた人間として、川崎と練馬で起きた二つの事件とひきこもりを結びつける報道や、世間の受け止め方に怒りを感じる。「ひきこもりの人は犯罪傾向にある」といった世間の憎悪のベースには、自分たちの余裕のなさがあるのでしょう。ひきこもりであろうとなかろうと、私たちの誰もが罪を犯す可能性がある。人間だからというだけのことなのに。

特に元農水事務次官が息子を殺害したとされる事件には違和感というか、もやもやした思いが募ります。家族には周囲から推し量れない苦しみがあったのだろうと想像するが、それでもなお、なぜひきこもっていることで、わが子をあやめる結果になってしまうのか。何かが間違っています。

日本は家族主義が強く、親や家族には、自分たちがどうにかしなきゃいけないという強いプレッシャーがあります。親の死後、一人で生きていけるだろうか。誰かを傷つけて世間に迷惑をかけないか。そう不安になる気持ちは分からなくもない。

ひきこもっているということで、そこまで本人や家族が追い詰められ絶望させられる背景には、世間が当たり前とする価値観や、私たち自身のひきこもりに対する非難のまなざしがあります。約五〇年前に、脳性まひの子どもを殺した母親に同情論が集まり、「障害者は殺されても仕方がない存在」なのかと当事者らが立ち上がりました。その当時から何も変わっていない。障害があるとかひきこもりであるといったことで命を奪い、奪われることは決して許されない。

一〇~二〇代に相当荒れていたという私の知人は、後になって親から「自分たちは犯罪者の親になることを覚悟していた」と言われたそうです。犯罪者にならないように予防的に殺すのではなく、本人なりに納得して生きていけるように自分たちにできることは何かないのかと向き合う。それはとても難しく苦しいことだと思うが、親に求められるのは、そういう覚悟ではないでしょうか。

ひきこもる人たちの気持ちは、直接関わりを持っていない人たちには恐らく簡単には理解が及ばない。無理に共感しようとしたり、支援しようとしたり、ましてや生き方として肯定しようとしなくてもいいと思います。ただ、現にそうやって生きている人がいることは認めて、存在を無視したり、否定したりはしないでほしい。
ひきこもりにおいて生活困窮や就労は重要な問題ですが、私はそこに本質を見ていません。自分自身の中で生きることの確かさが揺らぎ「生きるって何なんだ」と問い掛けている。時間がかかってもそれを確かめることができれば大丈夫だと、楽観的かもしれないがそう信じたい。

（初出：『共同通信』インタビュー〔取材：土居裕美子〕、二〇一九年六月）

第七章

居場所論

——フラットなお付き合いのための一提案

前章までで支援についての私なりの考えはあらかた述べました。最終章となるこの章では、「ひきこもり」の支援で主要なメニューになっている居場所を取り上げます。ここで言う居場所とは、自助グループをはじめ支援団体などが運営しているフリースペースやデイケアグループなど、おもに当事者同士が交流するための集まりです。ですが、当事者が集まっているところが全て居場所になるわけではありません。というのも、居場所とはそこにいるとホッとできて元気になれる、無理せず自然体でいられる、そういった場所や関係性を広く指す概念でもあるからです。

この意味での〈居場所〉はどんなふうに作ることができるのでしょうか。本章ではこのことを考えることを通して、当事者とフラットに付き合っていく方途も探ってみたいと思います。

†居場所は社会復帰のための通過点ではない

はじめに「ひきこもり」の支援における居場所の位置づけと、その問題点を整理しておきましょう。

「ひきこもり」が社会問題化した二〇〇〇年代初頭、支援の中心は居場所でした。しかし、その中心は数年のうちに就労支援へと移っていきました。当事者本人と親御さんの高年齢化が進み、将来への不安が前景化してきたからです（このところ深刻化している「8050問題」ですが、現場ではもう二〇年近く前からその可能性が囁かれていたということです）。ところが、長期間にわたってほとんど誰とも関わらず過ごしてきた人々にとって、就労は周りが思うほど簡単ではないことが徐々に分かってきました（こうした流れは詳しくは拙著『ひきこもりの〈ゴール〉』第二章をご参照ください）。そこで、一足飛びに就労を目指すのではなく、対人関係に慣れるとともに精神的な安定を図ることから始めたほうがよいということで、居場所がふたたびクローズアップされることになりました。

二〇一〇年に厚生労働省が公開した『ひきこもりの評価・支援に関するガイドライン』では、以下のようなモデルが提示されています（図2）。ここでは最終目標である就労に向けて四つの段階が設定されており、居場所への参加は就労支援の前段階に位置づけられています。このモデルの最大の難点は、就労という単一のゴールがあらかじめ決められており、様々な支援メニューが全てそこに辿り着くためのものとして配置されていることです。これは居場所が〈居場所〉になる可能性を大きく損ねることになります。

まず、居場所が就労に向けた準備を整える場として位置づけられることで、そこに通い続けることは「問題行動」と捉えられるようになってしまいます。実際、就労訓練が花盛りになる少し前から、居場所に通い続ける当事者たちが問題視されるようになっていまし

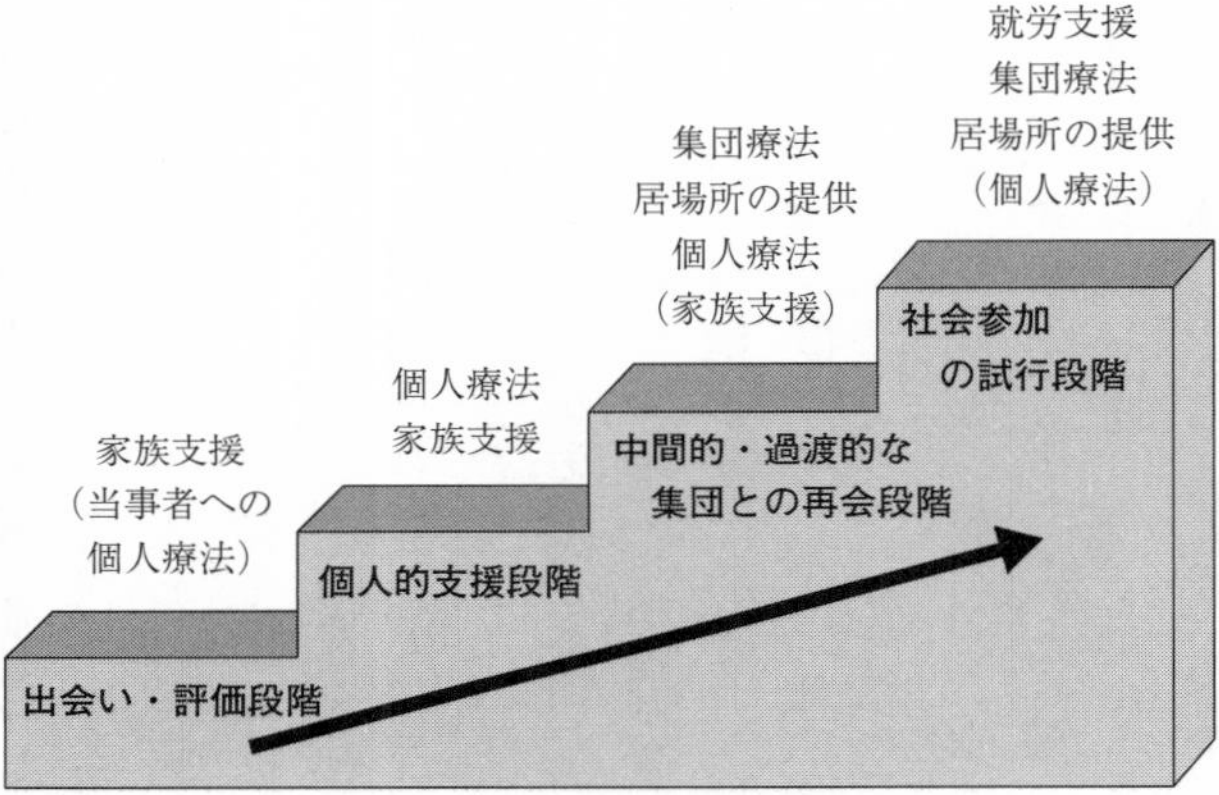

図2　ひきこもり支援の諸段階

た。この時期に発表された支援者による文章には、そうした目線が表れています。

たとえば、居場所に長く居ることは「生の停止」であるように思えてならないとか（金城隆一・永冨奈津恵・田中俊英「座談会「ひきこもり」議論がうっとうしい」」『月刊少年育成』第四九巻八号、二〇〇四年。引用は田中氏の発言）、「新しく外の世界へと足を踏み入れることができないまま居場所に滞留してしまう状況」あるいは「〈居場所シンドローム〉とでも呼べそうな閉塞状況」が生じている（佐藤洋作「〈不安〉を超えて〈働ける自分〉へ」『ニート・フリーターと学力』所収、明石書店、二〇〇五年）といった具合です。

その根っこにある心情までは分かりませんし、おそらくは当事者たちの先行きを心配する気持ちから出た言葉なのだろうと思います。ですが、居場所にいることを頭から否定しているのではないにしても、そこに長く留まるべきではないと考えているのは確かでしょう。居場所はあくまで就労へと向かう途上での通過点に過ぎないという見方が、ここには潜んでいます。こうした目線は居場所に通ってくる人たちに、いつかは（できれば早いうちに）そこを出て行かなければならないというプレッシャーを与えます。ですが、そのようなプレッシャーを感じながら安らぐことなどできるはずがなく、結局は当事者から〈居場所〉を奪うことになってしまうのではないでしょうか。

また、第一章で整理した支援批判では「就労後も苦しい。語れる場がほしい」という声が挙がっていました。第五章で紹介した泉翔さんも自身の運営するNPO法人に参加した当事者の苦しみの声を紹介したうえで、「就労によって「ひきこもり」当事者の抱えていた生きづらさや苦しさが根本的に解決してしまうようなことはなく、以後にも葛藤し続ける当事者の存在が、当事者活動を通して多々浮かび上がっている」と指摘しています（「当事者だからできる永久支援」『都市問題』第一一〇巻四号所収、二〇一九年）。働けるようになることは、決して〝あがり〟ではないのです。

ですが、支援のゴールを就労に設定し、居場所をそのための一ステップとして位置づけてしまうと、就労後にもなお消えない苦しみ、あるいは就労したからこそ生じる新たな苦しみは行き場を失ってしまいます。それならば働くようになった人たちのための居場所を別に作ればよい、という考え方もあるでしょう。そういう場も必要だと思いますが、他方では当事者が「働けていない人」と「働けている人」に二分され、序列化される可能性も無視できません。

いずれにしても、こうした問題が生じるのは当然のように就労がゴールとして設定されているからです。就労が必要でないとか重要でないとか言いたいわけではありません。ただ、特定のゴールがあらかじめ設定されていることで、居場所がいつかは出て行かなければならないところになってしまい、また、そのゴールに辿り着いた人たちの行き場がなくなってしまうことを問題視しているのです。

そこで考えたいのは、段階モデルとは異なる居場所のあり方です。様々な事情や思いを抱えている人がともに過ごすことができ、必要なときにはいつでも行ける、行きたくなければ無理に来なくていい、そんな場をどうすればつくっていけるのでしょうか。

†雑多であることの魅力

ここで念頭に置いているのは、私が「ひきこもり」の調査を始めて間もない頃からずっと関わってきた会です。ここは「ひきこもり」に関心のある人なら誰でも参加できるオープンな会で、当事者もいれば親御さんもいるし、私のような調査者もいます。現在とは違ってこの会が活動を始めた二〇数年前は、こうした雑多な集まりはとても珍しく貴重でした。この会を設立した主宰者が退いてからは複数の有志によって運営が担われており、私も共同世話人の一人に名を連ねています（最近はすっかり名前だけになってしまって大変心苦しいのですが……）。参加し始めた当初は研究という目的が一番でしたが、今では私にとっても大切な〈居場所〉になっています。

この会は「ひきこもり」という共通の関心事はあるものの、そこにいる人の立場は様々です。運営形態が変わったあとに公表した会の趣旨・概要を説明する文章では、「交差点」という表現を用いていました。ここには、様々な人が行き交うことで思いもよらなかった気づきや出会いが生まれることを大事にしたい、という思いが込められています。たとえば、働きたい・働かなければならないと苦しんでいる人にとって、働いている人は劣等感を刺激される存在ではありますが、それだけでなく自分もこうなりたいと思えるようなロールモデルにもなりえます。また、様々な活動や仕事をしている人が参加しているので、そういう人と知り合うことで「ひきこもり」以外の領域との接点が得られることもあります。

とはいえ、誰もがこうした雑多な集まりで居心地良く過ごせるのかと言えば、当然ながらそうではありません。当事者や親など特定の立場に限定するからこそ守られる安心・安全もあります。ただし、第四章で紹介したBさんが語っていたように、当事者同士であるがゆえに違いが際立ち、熾烈な葛藤が生じることがあります。また、物の見方が凝り固まって視野が広がりにくくなるということもあるかもしれません。参加者の立場が限定されているところが全てそうだと決めつけるつもりは毛頭ありませんが、どんな集まりであっても安心・安全とともに風通しの良さを確保するための工夫が必要だと思います。

さて、安心・安全を守るためには、相手の話を頭ごなしに否定しないとか、そこで聞いたことを勝手に口外しないとかいったルールが最低限共有されていなければなりません。このほかにもそれぞれの集まりで守らなければいけない様々なルールがあります。

たとえば、私が関わっている会の最大の魅力は、立場や状況に違いはあっても自分の感じていることや経験したことを率直に語れるところにあります。ただし、特定の人が喋りっぱなしになることは、あまり良しとされていません。とはいえ、こうしたルールは明文化されているわけではなく、参加しているうちに徐々に学習されていくものです。そのため初めて参加した人や、参加するようになってまだ日の浅い人は、悪気はなくても場を乱してしまうことがあります。そういうときは世話人だけではなく長く参加している常連も、それとなく他の人の話も聴くように注意を促します。そこがどういう集まりなのか常連はよく分かっているので、会が円滑に進むように助けてくれるのです。
こうしたことから学べるのは、居心地の良い場を作るためには、運営する側の努力だけではなく参加者の協力も不可欠であるということです。このことを経由してから、雑多でありながらも互いに折り合っていくにはどうしたらよいのか考えたいと思います。

✝みんなで居心地のいい空間を作る

居場所が〈居場所〉になっていくためには、そこにいる皆の協力が必要なのではないか。そういうことを改めて考えるようになったきっかけは何だったのかと考えていて、数年前に福岡に出張したときのことが思い出されました。福岡と言えば中洲の屋台。仕事だけして帰るのではもったいない、せっかくだから名物の屋台を味わってみようと思ったものの、とにかく数が多くて、どこに入ったらいいのか皆目見当がつきません。しばらく中の様子をうかがいながら歩き回ったすえに、ある屋台に思いきって入ってみました。

席はほぼ埋まっていましたが、店主が先客に席を詰めるように促してくれたので無事に座ることができました。店主は五〇代半ばくらいの男性です。キョロキョロと見回していると、店主が「うちは初めて？　じゃあ、まずはうちの名物の餃子を食べてもらって、それからお腹の具合を見てラーメンを頼んだらいいよ。とりあえずビールでいい？」と声をかけてくれました。ほどなく熱々の餃子が出てきてビールを片手につまんでいると、店主が「どこから来たの？　仕事？」などと話しかけてきます。初めて入るお店、しかも小さな屋台で身の置きどころのなさを感じていたのですが、そんなふうに店主と言葉を交わしているうちに少しずつ緊張がほどけていきました。

もちろん店主は私一人の相手をしているわけにはいかず、注文をさばきながら他のお客さんとも会話を楽しんでいます。さあ次はどうしようかと思いながらおかわりのビールを頼み、どんなお客さんが入っているのかなぁ、どんなものを注文しているのかなぁと周囲に目をやっていたところ、またも店主が話しかけてきました。そして、今度は隅のほうに座っていた常連客らしい三〜四人のグループに声をかけ、私とかれらをつないでくれました。

おそらく店主はこちらの様子をそれとなく観察していて、私が周りに興味を持っていることを察したのだと思います。また、そのお客さんたちもこういった場面に慣れていたのでしょう。気さくに「ここの店主はこういう人だ」「この店はここが面白い」「次に頼むならこれがいい」としゃべりかけてくれたので、ごく自然に会話に加わることができました。そうこうしているうちにいい具合で酔いも回り、お腹もいっぱいになったところでお勘定をお願いしました。

店主と常連客にお礼を言って屋台を出たとき、私はとても満ち足りた気持ちになっていました。出てくる料理が全て美味しかったのはもちろんのこと、その屋台自体がとても居心地よかったからです。そして、ふと思い出されたのが、これまでお邪魔してきた「ひきこもり」の集まりやフリースペースでした。理想的なフリースペースはああいうところなのかもしれない。そんなことを思いながら、屋台での時間を反芻しつつ宿に戻りました。

誰でも初めてのところは緊張するものですが、長くひきこもっていた人が出かける場合はなおさらでしょう。フリースペースや自助グループなどの集まりでは、そうした参加者の緊張をほぐし、様子を見ながら場に馴染ませることが運営スタッフの重要な役割になります。この屋台では店主がその役割を果たしていたわけですが、加えて常連客の振る舞いも大きかったと思います。常連客は居場所の参加者ということになりますが、かれらは単にもてなされるだけの「お客さん」ではなく、私のような新参者でも縮こまらずに済むように気遣い、楽しい過ごし方を教えてくれたという点において、居心地の良い空間と時間を成り立たせる重要なアクターであったと言えます。

†場をともに作るパートナーとして付き合う

そこにいる皆で居心地のいい時間と空間を一緒に作り上げていくことが〈居場所〉作り

の秘訣なのかもしれない。そう考えるようになったもう一つのきっかけは、ある支援団体との出会いでした。山形市を拠点に若者支援を行なっていたぷらっとほーむです。「ひきこもり」の支援が手薄な地方で、独自の活動を展開していた非常に面白い団体でした（二〇〇三年に設立され、二〇一九年に解散。その独自性と周囲に与えたインパクトの一端については、共同代表を務めていた滝口克典さんの論考をご覧ください。「若者たちにさまざまな居場所を」『都市問題』第一一〇巻四号所収、二〇一九年）。

私が初めてぷらっとほーむにお邪魔したのは、もう一〇年前のことになります。その出会いはとても刺激的で、もうちょっと言えば衝撃的なものでした。当時かれらが拠点にしていた古い民家に案内してもらったとき、私はまず戸惑ってしまいました。というのも、誰が運営スタッフで誰が利用者なのか区別がつかなかったからです。共同代表のお二人のほかに三〜四人の若者がいたと記憶しています。「こいつは何者だ。一体どういう人間なんだ」という観察のまなざしが向けられていることを感じると同時に、訪問者をもてなそうとしてくれていることも伝わってきました。

はじめは共同代表のお二人が対応してくれていましたが、夜に交流会を開いてくれるということで準備が始まりました。私も準備に加わり、一緒におにぎりを握りながらポツポツおしゃべりを始めると、スタッフだと思っていた若者たちが実は当事者だったことが分かってきました。ですが、そのときにはもう誰がスタッフで誰が当事者でも関係ない、ただそこにいることを楽しもうという気持ちになっていました。

振り返ってみると、その頃の私はひきこもった経験の有無や立場の違いによって相手との間に線を引き、振る舞い方を変えていたのだと思います。もう少し言えば、どこか当事者に対して腫れ物扱いしているところがあり、研究者と当事者という立場の違いに囚われて率直に物を言えなくなってしまうことも度々でした。ですが、ぷらっとほーむではそうした線引きがなく（全くなかったわけではないと思いますが、少なくとも表立って意識しているような様子はありませんでした）、自然とやりとりが展開していきます。ぷらっとほーむを訪れるたびに、私は自分自身の頑なさに気づかされ、またその頑なさがほぐれていくような感覚を覚えました。

さて、ぷらっとほーむで過ごす初めての夜。続々と人が集まってきて宴会が始まりました。これがまた驚いたことに「ひきこもり」の関係者はほとんどおらず、お酒が入ったこともあって誰が誰やら把握しきれません。ただ、そこに集まってきた人たちは皆ぷらっとほーむの活動にいい意味で巻き込まれ、当事者を支援するためではなく、自分たちが楽しいから関わり続けている人たちばかりだったことは覚えています。

この空間、この時間は何なのだろう？　私が知っている支援団体とは何かが違うようだけれど、一体何が違うのだろう？　ぷらっとほーむを訪れるたびに考えを巡らせ、やがて思い至ったのは、この人たちは〈個人を助けること〉よりも〈場を育てること〉を優先してきたのではないか、ということでした。と言っても、それは決して個人をおろそかにするということではありません。誰もが居心地良く楽しく過ごせるような場を作ることができれば、おのずとそこに集まる個人もほぐれていく。そんな発想が根本にあったのだと思います。

〈個人を助けること〉に主眼を置くと、そこにはどうしても「支援する側／支援される側」という非対称性が生まれてしまいます。一方、〈場を育てること〉に軸足を置けば、そこに関わる人は皆、ともに場を育てていく「仲間」あるいは「同志」になることができます。「支援する側／される側」あるいは「運営する側／利用する側」といった安易な線引きを許さず、その場をともに支え、作り上げていく仲間や同志として互いを信頼する。その場に居合わせている人それぞれの立場や背景に配慮しつつ、しかし遠慮はしないで言いたいことは言う。ぷらっとほーむでは、そうした関係性が育まれていたように思います。先ほど初訪問のときに自分が観察されていたように感じたと述べましたが、それは自分たちのやり方をすぐさま理解できないにしても、少なくとも私がそういう関係性をぶち壊しにするような闖入者ではないことを確かめたかったのではないかという気がします。

ともに場を育てていくパートナーとして信頼関係を築き、それぞれの事情に配慮はするけれども遠慮はしない。そういう適度な距離をお互いに探っていく。当事者と、いえ、相手が誰であろうとも、人と人とがフラットに付き合うための鍵はここにあるのではないでしょうか。そして、それは参加者の立場を限定しない雑多な集まりであっても、安心・安全に過ごすことを可能にする関わり方でもあるのではないでしょうか。

†共通の関心事をつくる

話は変わりますが、フリースペースにはたいていＵＮＯやジェンガといったゲームが置いてあります。私も参加者に混じってゲームをしたことがありますが、正直なところ何でこんなことをしているのか分からず、いまひとつ気持ちが乗りませんでした。ですが、改めて考えてみると、ゲームには参加者の間に共通の関心事あるいは目標を作るという意味合いがあるように思います。

他者とのコミュニケーションに抵抗がある人にとって、いきなり参加者同士で話をするのはかなりハードルが高いことでしょう。そこでゲームの出番です。たとえば、ジェンガ。タワー状に積み上げた木製のブロックを片手で一つ抜き取って最上段に置いていくのを繰り返し、タワーを崩したら負けというゲームです。馴染みのない者同士であっても、最初は黙々とやり続けているのですが、何巡もしてタワーが不安定になってくると緊張感が高まってきて、自分の順番ではなくても「あっ、危ない」とか「そこは大丈夫そうじゃない?」という呟きが出てきます。そうすると、ゲームに参加している人たちの間で何となく連帯感が生まれてきます。

目と目を合わせて会話するわけではなく、ただひたすら同じ動作を交互に行なっているだけなのですが、ジェンガという共通の関心事を介して共同体のようなものが出来上がるのでしょう。順番が回ってきた人の集中を乱さないように配慮し、お互いアドバイスをしながらタワーを崩さないようにする。そうやってできるだけ長くゲームを続けられるように協力し合うことで、参加者はその場を楽しく過ごすきっかけをつかむことができます。

また、ゲームを前にすれば、常連なのか新参者なのか、何年ひきこもっているのか、支援者なのか当事者なのかといった立場は関係ありません。そこでは誰もが等しくゲームの参加者です。これと同じように、〈場を育てること〉という共通の関心事を置き、それに向かって協力していくことで、立場の違いはあってもぎくしゃくせずに、ゆっくり関係を育むことが可能になるのではないでしょうか。

†様々な個性を持った場が増えていくこと

ところで、先ほども述べたとおり、誰もが雑多な集まりを楽しみ面白がれるわけではなく、また雑多であることが最良なわけでもありません。当事者と一口に言っても、ひきこもっている状態から少し離れた人もいれば、今まさにそういう状態にある人など様々です。ひきこもっている状態から出てきて間もない人にとっては、自分に近い状況の人たちだけで構成されているところのほうが足を運びやすいでしょうし、もうちょっと色々な人と話してみたいと思う人にとっては、そういうところは物足りなく感じられるでしょう。また、一人ひとりの性格や好みも違いますから、どういうところが〈居場所〉になりえるのかは一概に決めることはできません。したがって、必要かつ重要なのは、それぞれの個性と強みを備えた場が一つでも多くつくられていくことです。

私が共同世話人の一人として関わり続けている会で、当事者の立場で初めて参加した人に「ここは支援するところじゃないんですか?」と言われて戸惑ってしまったことがありました。質問の趣旨を確かめてみると、この人はとにかく自分の話を聴いてもらいたかったようです。しかし、この会で大切にしているのは互いの経験や思いを持ち寄ることで、先ほども述べたように一人のひとが長く喋り続けることは避けられています。また、世話人のおもな役割は会場予約や司会進行など皆が集まる場を整えることで、いわゆる支援は行なっていません。こうしたことを伝えたところ、その人は釈然としない表情を浮かべ、休憩時間になると会場から立ち去ってしまいました。

私はこのとき、今さらながら次のことに気づきました。すなわち、この会で楽しく過ごせるのは、あくまで自分とは異なる立場・状況の人たちとの交流を求めているときであって、この人のようにいわゆる支援を求めていたり、同じ境遇の人たち同士で語り合うことを求めていたりしているときには、そのようには過ごせないのだということに。要するに、居場所に期待しているものは人それぞれなのだという、言われてみれば当然のことに気がついたのです。

では、運営する側は、そこを訪れる人たちのあらゆるニーズに対応しなければならないのでしょうか。それは違うというのが現在の考えです。一つのところだけであらゆるニーズを受け止めることはできないし、もっと言えば全てを受け止めようとする必要もないと今では思っています。繰り返しになりますが、大事なのは様々な個性と強みを持った場が一つでも増えていくことです。「ここは無理でも、あそこなら何とかなるかもしれない」「今日はこんな気分だから、あそこではなくここにしよう」といったように、行き先をそのときどきに選べるようになったらよいと思います（ただし、これは首都圏でフィールドワークを行なってきた立場からの見解で、「ひきこもり」の支援体制が整っていない地方では選択肢を増やす以前の状況がまだまだ続いていることは看過できません）。

†場を維持することの大切さと、そのための工夫

たしかに参加者のニーズを受け止めることは必要で重要なことです。しかし、一人のひと、あるいは一つの集まりで出来ることは限られています。これは自分が運営する側に回って見えてきたことですが、運営する立場にある人は自分が携わっている集まりの強みと弱みを自覚し、そこがどんな人に向いていて、どんな人には向いていないのかを参加者にも伝えられるようになることが必要であるように思います。そうでなければ参加する人の期待に何でも応えようとして自分をすり減らしてしまい、最悪、その場を潰してしまうことになりかねないからです。そういう集まりをいくつも見てきました。

様々な個性を持った場を増やしていくためには、まずは今あるところをなくさないようにすることが大切です（ただし、運営する人が次の展開を求めて場を閉じるような場合は別です）。そうやって集まりを長く続けていくことは、その場が〈居場所〉になっていくための一つの条件でもあると思います。このように考えるようになったきっかけとして、深く印象に残っているエピソードがあります。

あるときからパタッと姿を見せなくなった人が数年ぶりに会場に現れたので、「久しぶり！　私のこと覚えてますか？」と声をかけたところ、その人は「石川さん、まだいたの

?!」と驚きながらも喜んでくれました。私はそこに参加し続けていただけで、特段何かしていたわけではありません。また、私がこの会にずっと関わり続けているのは、責任感や使命感からだけでもありません。もちろん研究という目的はありますが、今では何よりもそこにいることが楽しく、そこで過ごす時間が私自身にとっても必要だと感じているからです。就職を機に愛媛に移ってからは名ばかりの世話人になってしまったことに申し訳なさを感じながらも、たまに顔を出せば皆が笑顔で迎えてくれることを本当に有り難く思っています。

会が変わらずに開かれていて、どれだけ間が空いても気持ちよく迎え入れてもらえること。それが、居場所が〈居場所〉になるための条件の一つなのではないでしょうか。そのためには運営する側だけが頑張るのではなく、参加者にも協力してもらうことが不可欠です。運営する側が疲れ切った表情やしかめ面ばかり見せていたら、雰囲気が悪くなって参加者の足も遠のいていくことでしょう。

また、私が関わっている会では世話人を固定せず、たまに入れ替えるようにしています。特定の人に頼ってしまうと消耗が激しくなりますし、また、長くやっていれば個々の状況も変わり、続けたい気持ちはあってもやめざるを得ないような場合もあるからです。そこで何年かに一度、今後も世話人を続けていくかどうか意思確認を行ない、やめる人がいれば補充するということを繰り返してきました。この会がスタートしてからもうずいぶん経ちますが、今でも参加申し込みが途絶えることなく続いているのは、場を絶やさないように試行錯誤を続け、皆で大切に守り育ててきたからにほかなりません。

✝世の中は意外にカラフル――「ひきこもり支援」という枠組みから離れてみる

最後に、もう一つ問題提起したいことがあります。それは、「ひきこもり」の支援は「ひきこもり」という枠組みの中でしか行なえないのか、ということです。

ここでは、数年前に関西のとあるカフェ店主から聞いた話を紹介したいと思います。この店主はアーティストで、もともとは自由に作品を発表できる空間が欲しくて廃屋同然だった建物を自分で改築してカフェを開いたそうです。このときは「ひきこもり」の支援に関わっている人たちと一緒だったので、店主がこんな話をしてくれました。

ある男性客が毎日通ってくるようになり、とりたてて何をするでもなく長い時間をそこで過ごしていました。何をしている人なのだろうと不思議に思いながらも、アーティストとして活動していると一風変わった人たちによく出会うので、不審に思うことはなかったといいます。はじめのうちは店主も話しかけず、その人から会話を持ちかけられることもありませんでした。ところが、しばらくすると彼は自分のことをポツポツ話すようになり、どうやらひきこもっているらしいことが分かってきました。ですが、制作活動に没頭しているときは人に会ったり外に出たりしないものなので、店主はひきこもっていることを特別視することはなかったそうです。

また、このお客はもともとある支援団体に通っていたらしいのですが、そこに窮屈さを覚えてこのカフェに来るようになったのだといいます。想像でしかありませんが、おそらく長時間いても何も言われず、とりたてて関心を持たれるわけでもないところに居心地の良さを覚えたのではないでしょうか。カフェのように様々な人が足を運んでくるところでは、会話の糸口として「お仕事は何をされているんですか？」「今日はお休みなんですか？」といった質問が定番になっていますが、このようないわゆる世間話は「ひきこもり」の当事者がもっとも嫌うものでもあります（なお、この忌避意識は本書第四章で論じた自分という物語の破綻と結びついています）。さらに、ひきこもっていることが分かっても特別扱いされないことが安心感を与えたのでしょう。その人はやがて支援団体で知り合った仲間を連れて来るようになったそうです。

ひきこもっていると言っても、当事者の多くは完全に家に閉じこもっているわけではありません。ひきこもっていることを責められず、罪悪感や劣等感をいたずらに刺激されることがないような場であれば出て行くことができます（詳しくは拙著『ひきこもりの〈ゴール〉』第三章をご参照ください）。その典型が「ひきこもり」の支援団体や自助グループなどです。しかし、この店主の話を聞いて、世の中にはひきこもっていることを否定し、特別視する人ばかりではないことに気づかされました。

また、私の友人でも「ひきこもり」が話題になったとき、「ひきこもっていることの何が問題なの？　それは悪いことなの？」といった反応をする人は少なくありません。働いて稼いでいないことや、人と関わらずに長く過ごしていることを良しとしない風潮が根強く、「ひきこもり」への風当たりが厳しい世の中でも、「ひきこもり」に対して差別意識や偏見を抱く人ばかりではないのです。改めて考えればあたりまえのことで、たしかに思い出してみると、ボランティアや趣味のサークルなど、「ひきこもり」とは直接関係のないところで人間関係を取り戻していったという話は幾度も聞いたことがありました。

世の中は意外にカラフルなのだと、ここ数年とくに強く思います。「ひきこもり」という枠を外して周りに目をやれば、当事者が居心地良く過ごすことができ、率直に語り合うことのできる場、〈居場所〉たりえる場は、実は世の中にたくさんあるはずです。支援の根本が人の話を〈聴くこと〉にあると考えるならば、支援を「ひきこもり」という枠組みの中に閉じ込めておく必要はありません。ひょっとしたら支援という枠組み自体がほどけていくかもしれません。

当事者も含めて私たち一人ひとりが自分を耕し、彩り豊かな社会をつくっていけたらいい。あるいは、社会とはもともとそういうものなのだと知ることができたらいい。そうなれば、支援しているつもりはなくても気づけばお互いが支え合っていることになる。そんな関係がそこかしこで生まれていくのではないかと思うのです。

補　論

コロナ禍のもとの「巣ごもり生活」と「ひきこもり」は同じか?

†「巣ごもり生活」と「ひきこもり」は別物である

新型コロナウィルスの感染拡大が止まらないなか、この原稿を執筆している。感染拡大防止のため、外出を最低限に抑え、人との対面接触を控えることが求められており、言ってみれば私たちはひきこもることを余儀なくされているわけだが、果たして「巣ごもり生活」と「ひきこもり」は同じものなのだろうか。

外に出ない・人に会わないという状態を見れば「巣ごもり生活」も「ひきこもり」の範疇に入ってくるものの、それは単に外から見える状態像が似ているというだけに過ぎない。もっと言えば、自粛生活のもとの「ひきこもり」と、私が調査を通して捉えてきた「ひきこもり」とは別物である。自粛生活で強いられている「ひきこもり」の苦しみは、私が捉えてきた当事者の苦悩とは根本的にズレている部分がある。しかし、その一方で、かれらの苦悩を掘り下げることで、コロナ禍のもとでの経験に当事者への理解を深める糸口を見つけられるのではないか、とも考えている。

一般的に「ひきこもり」は、外出や人との交流が著しく狭まっている状態と捉えられている。したがって、コロナ禍のもとの自粛生活において、多くの人が「ひきこもり」を経験したと言うことはできるだろう。だが、この「ひきこもり」が、これまで私の見てきた

「ひきこもり」と同じかというと、そうとは言えない。まず、ひきこもっているからといって攻撃されることがない点は大きく違う。当事者たちはひきこもっていることを責められ、自分でもひきこもっていることを恥じるがゆえに、その状態から抜け出すことができなくなっている。

しかし、それ以上に異なるのは、自粛生活における「ひきこもり」には、感染拡大防止という明白で合理的な理由があることだ。これに対して当事者の多くは、自分がなぜひきこもってしまったのか、なぜそこから抜け出せないのかということに、うまく説明をつけられずにいる。たとえば、不登校と「ひきこもり」の経験者である野田彩花氏は、自身の半生を振り返りながらこう綴っている。やや長いが大事なことなので、そのまま抜粋する。

「住む家がないとか、食べるものがないといった生存そのものが脅かされる状況にいるわけではなく、病気を持っているわけでもない。心療内科に通院はしているが、きっちりとした診断名をもらっているわけでもないし、発達障害ともちがうようだ（発達に偏りのない人なんていないのか？　と個人的に思ってはいるけれど）。不登校だったけれど、いじめにあったわけでも、教師からの体罰があったわけでもない。反発や葛藤はありながらも、夫婦仲のよい両親に、真心をもって育てられたし、心身ともに暴力とは無縁の家庭だった。問題をあげるとするならば、幼年期から学校へ行っていなかったこと、学齢期を過ぎてもひきこもっていたことや働いていないことだろうか」(野田彩花・山下耕平『名前のない生きづらさ』子どもの風出版会、二〇一七年)

彼女は心身ともに生存を脅かされる深刻な状況にあったわけではなく、そのため「「特筆すべき問題を抱えていないのに、なぜか学校に来ないし、働きもしない」という、何とも「よくわからない存在」」として不気味がられてきたのだという。

甘えているだけ、怠けているだけという当事者への非難には、この「なぜか」という不可解さも関わっているのだろう。世間から見て「それならばひきこもるのも無理はない」という分かりやすく納得しやすい理由があれば、そこまで攻撃されることはないはずだ。しかも、自分自身でもなぜひきこもってしまうのか説明がつかないために周囲の否定的なまなざしをはね返すことができず、自分で自分を責めるしかなくなっていく。さらには取り除くべき障壁を把握できないため、先の見通しを立てることもできない。

もちろん自粛生活における「ひきこもり」も、コロナ禍がいつどのように収束するのか見通せず、何が正しい対処法なのかも分からない不安やストレスはある。だが、感染拡大防止というはっきりした理由があるので、ひきこもっていても周りから責められることはないし、「悪いのは自分だ」という気持ちに悩まされることもない。また、「いつになるかは分からないけれども、この生活がずっと続くわけではない」という希望も持てる。

自由に出かけられず人に会えない状況が続けば、鬱陶しさや寂しさが募ってくる。その経験を通して当事者に対する共感が広がるのは、決して悪いことではない。だが、そこでの共感は以上のような言葉にしようにも言葉にならない当事者の苦悩に触れて喚起されたとは考え難く、結局のところ当事者は置いてきぼりにされているように思えてしまう。

†生きることをめぐる葛藤

こうした昨今の状況を、当事者たちはどう眺めているのだろうか。実際に当事者から話を聞けているわけではないが、SNSで垣間見る感じではとくに反発しているわけでもなく、さりとて歓迎している風にも見えない。精神科医の斎藤環氏の朝日新聞のインタビュー記事からも、そうしたかれらの様子がうかがえる。

「今までのように、ひきこもりは、非生産的であり、価値のない人生だというのとは違った、また別の角度から、ひきこもることの価値が見いだされた。

そういう変化が、わずかですが起こったと言って良いのだと思います。ただ、私は当事者の意識がもっと軽くなるかと思っていたのですが、当事者はコロナにあまり関心を持たず、世の中全員がひきこもろうと、自分のひきこもりの本質は変わらないと捉えている」（「コロナ後の世界を語る――顕在化した「会うこと」の暴力性」『朝日新聞デジタル』二〇二〇

年六月一四日更新）

では、当事者自身にとっての「ひきこもりの本質」とは何だろうか。調査を通して私なりに捉えた「ひきこもりの本質」とは、生きることや自分の存在に対する確信の揺らぎである。ひきこもっていることを白眼視され、なぜひきこもってしまうのか自分でも分からず、身動きが取れないまま長く過ごすなかで深い混乱に陥り、生きることに何の意味があるのか、自分は生きていてよい存在なのかと問い始める。そうした果てしのない自問自答を繰り返しながら、それでもなお生きようと懸命にもがき続ける——こうした葛藤こそが、「ひきこもり」の本質だと私は考えている。

当事者の話によく出てくるのが、「人に会いたくても会えない。外に出たくても出られない」というジレンマである。これに対して、「人に会いたい」とか「外に出たい」という意思があるのならば、そのように行動すればよいではないか。それができないのは精神的に弱いからであって、やはり甘えているだけなのではないか。そんなふうに思う人もいるだろう。しかし、重要なのは口で何と言おうとも頑として体が動かない、身体が硬直してしまうという、その人のあり方だ。これは呼吸していることを意識した途端に息苦しさを覚え、息を吸ったり吐いたりするのがぎこちなくなってしまうこととよく似ている。それと同じように生きることに真っ向から対峙することは、生きることをとても難しいことにしてしまう。

当事者にとって重大なのは、自分はいかに生きるべきなのか、どうすれば生きていけるのか、生きていてもよいと思えるのかといった実存的な問題である。これを「ひきこもりの本質」と捉えるならば、誰よりも何よりも向き合わなければいけないのは自分自身ということになる。そう考えると、かれらが世の中の風向きにそうそう左右されないことにも頷ける。

繰り返しになるが、外に出ない・人に会わない状態を「ひきこもり」と呼ぶならば、「巣ごもり生活」もそういうことになるだろう。だが、いくら状態像が共通していても、私はそれを「ひきこもり」とは呼びたくない。外出と対人交流の機会の極端な縮小は、たしかに暮らしと人生から彩りを奪う。だが、当事者の苦悩はそれだけには収まりきらないものであり、そこに目を向けず「同じだ」と言うことは、私にはどうしてもできない。

†共感の回路を探る

ただし、外に出られない・人に会えないというのとは別のところで、私は当事者に共感を覚えている。それは、以上のような実存的な問いを抱えているのは「ひきこもり」の当事者だけではない、というところだ。

唐突だが、ここで「不要不急」という言葉について思うところを述べたい。「不要不急の外出は避け、できるだけ人に会わないようにしましょう」と耳にタコができるほど聞かされているが、フィールドワークを自分の方法として選んだ私にとって、これほど痛い言葉はない。様々な現場に足を運び、様々な人たちと出会うことは大切な仕事であり、そこに生きることの喜びをも見出してきた。だから、それをするなと言われることは、ほとんど「生きるな」と言われていることに等しい。

もちろん感染するリスク／感染させるリスクがあるので、今までのように好き勝手に出歩くようなことはしていない。だが、生きるうえで何が「要」で「急」なのかは自分で決めることのはずなのに、それを勝手に仕分けられていくのが窮屈でならない。もっと言ってしまえば、気持ちが悪い。コロナ禍のもとで私が一番に考え続けてきたのは、自分はどうやって生きてきたのか、どうやって生きていきたいのか、そのために何を選ぶのかということだった。

そんなことを考えているときに、当事者として精力的に発信活動を続けているぼそっと池井多さんの文章に行き当たった。

「コロナ自粛の期間を与えられて、私は世の中の生産に巻き込まれることなく、非生産的に「自分に向き合う」という時間を、ほんとうに必要としているのだな、ということがわかりました。自分に起こったことを整理し、納得していく時間を。そういう時間が好きだ嫌いだというよりも先に、私はそれを「必要としている」のだ、と」（「ひきこもりがひきこもる秘訣を語れないのはなぜ?」『HIKIPOS』ウェブ版、二〇二〇年五月一四日更新）

世間的には「生産に巻き込まれること」（働いてお金を稼ぐこと）は、疑いようもなく「要」で「急」である。これに対して、ぼそっとさんは「自分と向き合う」ことのほうが「要」だと言い切る。この考えには共感できなくても、自分にとっての「要」で「急」とは何なのかを考えさせられた人は少なくないはずだ。私にとって「不要不急」という奇妙な言葉は、いかに生きるのかという実存的な次元で、改めて私と当事者をつなぐ回路を開いてくれるものでもあった。

もう一つだけ言いたいことがある。ひきこもることは、自分が拠って立ってきたものの脆さを突きつけられるような経験でもある。ここにも当事者とつながる回路を見出せるのではないだろうか。

またしても唐突だが、私が接点を持ってきた当事者の多くは一九六〇年代後半〜一九七〇年代生まれで、いわゆるロストジェネレーションに当たる人たちだ（ちなみに私も同世代である）。加えて、大学卒業後の進路選択で挫折したことが、ひきこもるきっかけになった人が多い。かれらは「いい大学を出て、いい会社に就職すること。そして、然るべき年齢になったら結婚して子どもを産み育てること。それこそが一人前になるということであり、幸せな人生なのだ」という戦後日本社会で支配的になったライフコースと価値観を教え込まれてきた世代である。そして、二〇代を迎える頃には、そうした「幸せな人生」を支えていた社会の仕組みがヒビだらけになっていた世代でもある。

こうした時代的・社会的状況が多くの人をひきこもらせた背景になっていることはたしかだと思う。この世代の当事者に話を聞いていると、上述のような「幸せな人生」を信じて疑わずに生きてきて(もともとそれに馴染めなかった人も少なくないようだが)、ある日突然、あるいは徐々にその道から外れてしまい、暗闇に放り出されてしまったのではないかという印象を受ける。

かれらがひきこもるようになった一九九〇年代は、まだ「ひきこもり」という言葉が全く知られていなかった時代でもある。暗闇を手探りで歩くなかで、やっと見つけたわずかな光が「ひきこもり」という言葉だったという人たちがいる。その光を手がかりに仲間を見つけ、ゆっくり語り合うことを通して自分が歩いてきた道を振り返り、「幸せな人生」だと信じ込んでいたもの(信じ込まされていたもの)は、数ある「幸せな人生」のうちの一つに過ぎなかったのだと知る。そこに戻りたいという気持ちもありながら、もうそこへは戻れないし、戻ったところで果たしてそれが「幸せな人生」なのかという問いから目を逸らすこともできない。もはや自分の信じて疑わなかったものが正しかったのかどうかも分からなくなっている。何かを変えなければいけないとは思うが、何をどう変えればいいか分からないし、変わるという確証もない――。

コロナ禍のもとで私たちが経験していることは、こうした当事者の葛藤と重ね合わせることができるのではないか。これまであたりまえだと思っていた日常が非日常になり、私たちの日常がこんなにも急速に様変わりしてしまうような脆いものだったと突きつけられ、右往左往している。では、どうすればよいのか、どうするのがよいのか、その明確な答えを誰も持っていない。

第二章で当事者の〈動けなさ〉を解く手がかりとして参照したギデンズの議論に、もう一度触れたい。ギデンズによる存在論的不安の議論は、単に個人の生のありようを捉えたものではない。ギデンズの議論において重要なのは、めまぐるしく変転する社会のなかで先を見通すことが難しくなり、何が「正しいこと」なのか、何が「幸せ」なのかが分からなくなってしまうという時代状況の分析である。流動化・不安定化が著しく進行している現代社会において、私たちはいかに生きるべきか問うことを余儀なくされており、誰もが存在論的な不安定さに晒されている。言うなれば、現代とは「存在論的不安の時代」なのである。

「ひきこもり」が社会問題化した二〇〇〇年代初頭は、教育社会学者の本田由紀氏が「戦後日本型循環モデル」として概念化した、仕事・家族・教育が三位一体となった社会構造と、それに根ざした規範の綻びが明るみになった時代でもある（本田由紀『社会を結びなおす――教育・仕事・家族の連携へ』岩波ブックレット、二〇一四年）。先ほども述べたように私が接点を持った当事者の多くがひきこもるようになったのは一九九〇年代であり、かれらはそうした時代の変化に直撃された人々と捉えることができる。かれらは存在論的不安の時代に誰もが経験しうる苦悩や葛藤を劇的に表現している存在なのであり、その意味において「ひきこもり」は現代社会の象徴と言えるだろう。「ひきこもり」の当事者は決して特別な存在ではない。この時代を生きる私たち全てが、かれらと連続した存在なのである。

　繰り返しになるが、コロナ禍のもと私たちは自分にとって何が「要」で「急」なのか改めて考えさせられている。そして、膨大な情報が飛び交うなかで、何が「正しい」情報なのか、どの情報を信じればよいのか判断しきれずに混乱している。言うまでもなく自分たちの命を守ることは大切だが、ただ生きてさえいればいいというわけではない。「いかに生きるべきか」「どう生きていきたいのか」も切実であり、さらに、自分たちのよりよい生を支える社会とはどのようなもので、それをどう作っていけばよいのかも、私たち一人ひとりが考えていくしかない。「ひきこもり」の当事者たちが、人知れずそうしてきたように。

「僕は病気になるのは別に怖くない。じゃあ何が怖いかって？　流行がもたらしうる変化のすべてが怖い。見慣れたこの社会を支える骨組みが実は、吹けば飛んでしまいそうに頼りない、トランプでできた城にすぎなかったと気づかされるのが怖い。そんな風に全部リセットされるのも怖いが、その逆も怖い。恐怖がただ過ぎ去り、なんの変化もあとに残さないのも、怖い」（パオロ・ジョルダーノ［飯田亮介訳］『コロナの時代の僕ら』早川書房、二〇二〇年）

（初出：「『巣ごもり生活』と『ひきこもり』は同じか？」『精神科』第三八巻六号所収、二〇二一年をもとに加筆・修正）

おわりに

本書はWｅｂちくまで二〇一七年夏から二〇一八年の年明けまで連載した「ひきこもり支援論」を大幅に加筆・修正したものです。連載を終えてから間もなく書籍化に向けて作業を始めたものの、出版までに三年以上もかかってしまいました。言い訳を始めればきりがありませんが、自分の書いたものを繰り返し読み返しているうちに、どんどん自信がなくなってしまったというのが正直なところです。

ここまで書いてきたことは自分自身に対する反省や戒めがほとんどですし、私もこんなふうに関わってもらいたいという願望も恥ずかしながら混じっています。この数年、公私にわたって様々なことを経験し、その度に筆が止まってしまいました。こんなのは結局きれいごとだ、これだけ偉そうに書いておきながら自分は何もできていないじゃないか。そんな思いがぐるぐる巡って原稿を開くことさえできなくなってしまうことが何度もありました。それでも執筆を続けることができたのは、二〇年以上にわたって当事者の傍らに居続けた者として、かれらとの付き合いで学んだことを聞いてもらいたい、そして、これを読んでくれた人たちと語り合いたいという気持ちだけはなくならなかったからです。

　最後に、私なりに考える支援の原則を整理したいと思います。支援を必要としていないわけではないけれど、支援する側にとっての望ましさを一方的に押しつけてくるのは勘弁してほしい。そんなふうに思っている当事者は少なくないようです。ただし、本人の意向が最大限に尊重されるべきという鉄則があるからと言って、支援する側が支援される側の言うなりになるのも違います。当然ながら支援する側も自分なりの考えや望ましさを持っており、それらを持ち出すこと自体は暴力ではないはずです。また、「相手の助けになりたい」とか「あなたのために何かしてあげたい」という気持ちが全て欺瞞であると決めつけることも、それはそれで暴力的でしょう。苦しんでいる人を前にして自然と湧きあがってくるそういう気持ちを無理に抑えつけるのも不自然です。

　加えて支援をうまくいかせるためには、支援する側はもちろんのこと、支援される側もその関係を維持するための配慮と努力が必要ではないかと思います。どんなに苦しくても支援する側に何を言ってもいいということにはなりませんし、自分が弱い立場であることを逆手にとって相手に言うことを聞かせようとするのも、関係の持ち方としては美しくありません（などと言ったら当事者の方々から怒られてしまいそうですが……）。支援とは、支援する側と支援される側の協力があって初めてうまくいくものだと思うのです。

とはいえ、支援という協力関係が築けるかどうかは、やはり支援する側が支援される側にとって信頼に足る存在になれるかどうかにかかっています。支援とはあくまで支援される側の〈生〉を支えるものだと考えるからです。本文を踏まえて、支援する側が押さえておくべきだと思うことを、以下五つにまとめてみます。

①当事者の頭を飛び越えて支援する側が先回りしない。選択肢を提示することは必要だが、どれを選ぶのかは本人にまかせる。自分で納得のいく選択を行なえることを信じる。

②いわゆる「社会経験」は不足していたとしても、当事者は未熟で無能なわけではなく、また停滞しているだけでもない。生きてきた年数分の経験が積み重ねられていることに目を向け、敬意を払う。

③自分自身のモノサシを押しつけないように気をつけるのはもちろんのこと、自分がどういうモノサシを持っているのか点検を怠らない。

④意見を言ったり励ましたりする前に、相手の言葉をまずはそのまま受け止めて、この人はどうして自分にこんなことを言うのか考えてみる。これは何でも受け入れるということではなく、相手と擦り合わせていくということである。

⑤誰もが様々な事情を抱え、無数のままならなさに囲まれながら生きているという意

味では「同じ」であることを認識し、相手の上に立とうとしたり変にへり下ったりすることなく、配慮はしても遠慮はしないで率直に話すように努める。

抽象的なことばかりで具体的にどうすればいいのか分からない、とうんざりしている読者もいるかもしれません。ただ、それはそのつど個別的な状況・関係のなかで考えていくしかないのではないでしょうか。私も一応「ひきこもり」の専門家ということになっているので、講演先で相談を受けたり、知り合いから「自分の身の回りにこういう人がいるんだけど、どうしたらいい？」とアドバイスを求められたりすることがあります。毎回しどろもどろになってしまい、自分の不甲斐なさに落ち込むばかりなのですが、その一方で私はそこで話題になっている「その人」のことを知らないので答えようがない、という思いもあります。これまで自分が会ってきた人や、話に聞いてきたことを重ね合わせて想像しようとはしますが、やはり無理があります。「その人」と相談してきた人がどういう関係を築いてきたのか、どういう状況で困りごとが起きているのか、そういうことを何も知らずに口を出すことはできません。私にできるのは自分が学んできたことを伝えることだけで、それをどう使うのか、それぞれの現場でどうアレンジするのかは、本書を読んでくれた皆さんにまかせるしかありません。その現場に身を置いている人が一番よく行動できるはずだと思っています。

最後にと言いながら、もう一つだけ書きたいことがあります。それは、〈聴くこと〉から始める支援論の限界です。繰り返し、自分の「聴く耳」をどれだけ育てられるか、語ってもよいと思ってもらえる存在に自らをどれだけ高めていけるかが大切だと述べてきました。ですが、相手に頑なに拒絶され、こちらに全く関心を持ってもらえない場合はどうすればいいのでしょうか。いくら関係を築きたいという思いがあり、そのために自分を耕していったとしても、そんなことはしたくないという相手にとっては、こちらの声は騒音でしかないのではないでしょうか。それでも相手を信頼し、自分を開いていくしかないのだろうと思いつつ、これまでの経験を振り返っていて、何だか自分が当事者にかしずき、ひたすら仕えているような感覚に囚われてしまうことがありました。これも筆が鈍った一因です。つっぱね続けられて途方に暮れ、すり減っている人たち（とくに親御さん）も見てきました。「ひきこもり」の文脈ではありませんが、私自身もそういう経験があります。

それでも私は〈聴くこと〉を諦めたくないし、〈聴くこと〉に喜びを感じています。それは突き詰めていけば相手を支えるためではありません。その人にしか語れない経験を聴くと、苦しさや痛みを含めて生きることの味わいを感じることができ、この世の中も捨てたものではないと思える瞬間があるからです。どんなに苦しくても生き抜こうとしている姿に触れると、私自身もへこたれずに生き抜いていこうと感じられるからです。こんなふうに書いたら自己満足だと叱られそうですが、どんな話も私にとっては「いい話」であり、それを私に向けて語ってくれたことに感謝するばかりです。〈聴くこと〉は語った人の〈生〉を支える行為だと書いてきましたが、実は〈聴くこと〉は私自身の〈生〉を支えてくれているのだと心底思います。

本当に最後になりますが、二冊目が書けないと愚痴る私に発破をかけ、ウェブ連載のきっかけを作ってくださった杉山春さん、本書に温かみと柔らかさを添えてくださったイラストレーターの小泉理恵さん、長らく原稿をお待たせしてしまったにもかかわらず、打ち合わせでのとりとめない話にも付き合ってくださり、内容についてはもちろんイラストの挿入など多くの助言と提案によって本書の魅力を最大限に引き出してくださった筑摩書房の永田士郎さん、そして、「ひきこもり」の現場でお会いした皆様をはじめ、これまでの人生で出会ってきた全ての方々にお礼を申し上げます。数えきれない出会いのなかで得られた喜びだけでなく、苦しみや悲しみもまた自分の糧になっていることを感じています。

二〇二一年一〇月

石川良子

ちくま新書
1611

「ひきこもり」から考《かんが》える
――〈聴《き》く〉から始《はじ》める支援論《しえんろん》

二〇二一年一一月一〇日 第一刷発行

著　者　石川良子（いしかわ・りょうこ）

発行者　喜入冬子
発行所　株式会社 筑摩書房
東京都台東区蔵前二-五-三　郵便番号一一一-八七五五
電話番号〇三-五六八七-二六〇一（代表）
装幀者　間村俊一
印刷・製本　三松堂印刷 株式会社

ISBN978-4-480-07438-6 C0237

ちくま新書

1163 **家族幻想**
――「ひきこもり」から問う
杉山春

現代の息苦しさを象徴する「ひきこもり」。閉ざされた内奥では何が起きているのか？〈家族の絆〉という神話に巨大な疑問符をつきつける圧倒的なノンフィクション。

1164 **マタハラ問題**
小酒部さやか

妊娠・出産を理由に嫌がらせを受ける「マタハラ」が、いま大きな問題となっている。マタハラとは何か。その実態はどういうものか。当事者の声から本質を抉る。

1168 **「反戦・脱原発リベラル」はなぜ敗北するのか**
浅羽通明

楽しくてかっこよく、一〇万人以上を集めたデモ。だが原発は再稼働し安保関連法も成立。なぜ勝てないのか？勝ちたいリベラルのための真にラディカルな論争書！

1171 **震災学入門**
――死生観からの社会構想
金菱清

東日本大震災によって、災害への対応の常識は完全に覆された。科学的なリスク対策、心のケア、霊性、コミュニティ再建などを巡り、被災者本位の災害対策を訴える。

1190 **ふしぎな部落問題**
角岡伸彦

もはや差別だけでは語りきれない。部落を特定する膨大なネット情報、過敏になりすぎる運動体、同和対策事業の死角。様々なねじれが発生する共同体の未来を探る。

1202 **脳は、なぜあなたをだますのか**
――知覚心理学入門
妹尾武治

オレオレ詐欺、マインドコントロール、マジックにだまされるのは、あなたの脳が、あなたを裏切っているからだ。心理学者が解き明かす、衝撃の脳と心の仕組み。

1205 **社会学講義**
橋爪大三郎／佐藤郁哉／吉見俊哉／大澤真幸

社会学とはどういう学問なのか？　基本的な視点から説き起こし、テーマの見つけ方・深め方、フィールドワークの手法までを講義形式で丁寧に解説。入門書の決定版。

1209
ホスピスからの贈り物
――イタリア発、アートとケアの物語
横川善正
もてなしのアートに満ちあふれているイタリアのホスピス。その美的精神と、ケアの思想を深く掘り下げて紹介。死へと寄り添う終末期ケアが向かうべき姿を描き出す。

1216
モテる構造
――男と女の社会学
山田昌弘
女は女らしく、男は男らしく。こんな価値観が生き残っているのはなぜか。三つの「性別規範」が、深く感情に根ざし、男女非対称に機能している社会構造を暴く。

1225
AV出演を強要された彼女たち
宮本節子
AV出演を強要された！　そんな事件が今注目されている。本書は女性たちの支援活動をしてきた著者による初の報告書。ビジネスの裏に隠された暴力の実態に迫る。

1226
「母と子」という病
高橋和巳
人間に最も大きな心理的影響を及ぼす存在は「母」であり、誰もが逃れられない。母を三つのタイプに分け、それぞれの子との愛着関係と、そこに潜む病を分析する。

1233
ルポ　児童相談所
――一時保護所から考える子ども支援
慎泰俊
自ら住み込み、100人以上の関係者に取材し「一時保護所」の現状を浮かび上がらせ、課題解決策を探る。若き社会起業家による、社会的養護の未来への提言。

1235
これが答えだ！　少子化問題
赤川学
長年にわたり巨額の税金を投入しても一向に改善しない少子化問題。一体それはなぜか。少子化対策をめぐるパラドクスを明らかにし、この問題に決着をつける！

1242
ＬＧＢＴを読みとく
――クィア・スタディーズ入門
森山至貴
広まりつつあるＬＧＢＴという概念。しかし、それだけでは多様な性は取りこぼされ、マイノリティに対する差別もなくならない。正確な知識を得るための教科書。

1250
憲法サバイバル
――「憲法・戦争・天皇」をめぐる四つの対談
ちくま新書編集部編
施行から70年が経とうとしている日本国憲法。改憲論議も巻き起こり、改めてそのあり方が問われている。問題の本質はどこにあるのか？ 憲法をめぐる白熱の対談集。

1253
ドキュメント 日本会議
藤生明
国内最大の右派・保守運動と言われる「日本会議」。改憲勢力の枢要な位置を占め、国政にも関与してきた。謎めいたこの組織を徹底取材、その実像に鋭く迫る！

1265
僕らの社会主義
國分功一郎
山崎亮
いま再びグランド・セオリーが必要とされているのではないか？ マルクス主義とは別の「あったかもしれない社会主義」の可能性について気鋭の論客が語り尽くす。

1279
世界に広がる日本の職人
――アジアでうけるサービス
青山玲二郎
日本発の技術とサービスが大好評な訳は？ 香港の寿司店、バンコクの美容室、台北の語学学校など。海外移住者たちが働く現場から、その要因を多面的に徹底解明！

1288
これからの日本、これからの教育
前川喜平
寺脇研
二人の元文部官僚が「加計学園」問題を再検証し、生涯学習やゆとり教育、高校無償化、夜間中学など一連の改革をめぐってとことん語り合う、希望の書！

1289
ノーベル賞の舞台裏
共同通信ロンドン支局取材班編
人種・国籍を超えた人類への貢献というノーベルの理想、しかし現実は。名誉欲や政治利用など、世界最高の権威ある賞の舞台裏を、多くの証言と資料で明らかに。

1303
こころの病に挑んだ知の巨人
――森田正馬・土居健郎・河合隼雄・木村敏・中井久夫
山竹伸二
日本人とは何か。その病をどう癒やすのか。独自の精神医療、心理療法の領域を切り開いてきた五人の知の巨人たちを取り上げ、その理論の本質と功績を解説する。

ちくま新書

1304 ひとり空間の都市論 南後由和

同調圧力が高い日本の、おひとりさま。だが都市生活では、ひとりこそが正常だったはずだ。つながりやコミュニティへ世論が傾く今、ひとり空間の可能性を問い直す。

1321 「気づく」とはどういうことか ――こころと神経の科学 山鳥重

「なんで気づかなかったの」など、何気なく使われるこの言葉を手掛かりにこころの不思議に迫っていく。注意力が足りない、集中できないとお悩みの方に効く一冊。

1323 朝ドラには働く女子の本音が詰まってる 矢部万紀子

女子はなぜ朝ドラに惹かれるのか。それはヒロインの人生の戦いは、すべての働く女子の戦いに重ねられるから。炸裂する女子のホンネから現代社会も見えてくる。

1324 サイコパスの真実 原田隆之

人当たりがよくて魅力的。でも、息を吐くようにウソをつく……。そんな「サイコパス」とどう付き合えばいいのか？　犯罪心理学の知見から冷血の素顔に迫る。

1333-5 格差社会を生き抜く読書【シリーズ ケアを考える】 佐藤優 池上和子

波瀾万丈な人生を歩んできた佐藤氏と、貧困の現実に詳しい臨床心理士の池上氏が、格差社会のリアルを語る。危機の時代を生き抜くための読書案内。

1336 対人距離がわからない ――どうしてあの人はうまくいくのか？ 岡田尊司

ほどよい対人距離と親密さは、幸福な人間関係を維持していくための重要な鍵だ。臨床データが教える、社会にうまく適応し、成功と幸福を手に入れる技術とは。

1338 都心集中の真実 ――東京23区町丁別人口から見える問題 三浦展

大久保1丁目では20歳の87％が外国人。東雲1丁目だけで子どもが2400人増加。中央区の女性未婚者増は男性の倍。どこで誰が増えたのか、町丁別に徹底分析！

ちくま新書

1360
「身体を売る彼女たち」の事情
――自立と依存の性風俗
坂爪真吾
なぜ彼女たちはデリヘルやJKリフレで働くのか？　そこまでお金が必要なのか？　一度入ると抜け出しにくいグレーな業界の生の声を集め、構造を解き明かす！

1361
徹底検証 神社本庁
――その起源から内紛、保守運動まで
藤生明
八万もの神社を傘下に置き、日本会議とともに保守運動を牽引してきた巨大宗教法人・神社本庁。徹底取材により、内紛から政治運動までその全貌を明らかにする！

1362
沖縄報道
――日本のジャーナリズムの現在
山田健太
オスプレイは「不時着（読売・産経）」したのか「墜落（沖縄紙）」したのか――。沖縄をめぐる報道から、偏向、分断、ヘイトが生まれる構造を解き明かす。

1366
武器としての情報公開
――権力の「手の内」を見抜く
日下部聡
石原都知事（当時）の乱費や安保法制での憲法解釈の変更など公的な問題に情報公開制度を使って肉薄した毎日新聞記者が、その舞台裏を描き、制度の使い方を説く！

1371
アンダークラス
――新たな下層階級の出現
橋本健二
就業人口の15％が平均年収186万円。この階級の人々はどのように生きているのか？　若年・中年、女性、高齢者とケースにあわせ、その実態を明らかにする。

1373
未来の再建
――暮らし・仕事・社会保障のグランドデザイン
井手英策
今野晴貴
藤田孝典
深まる貧困、苛酷な労働、分断される人々。現代日本の根本問題を抉剔し、誰もが生きる上で必要なベーシック・サービスの充実を提唱。未来を切り拓く渾身の書！

1382
南スーダンに平和をつくる
――「オールジャパン」の国際貢献
紀谷昌彦
二〇一一年に独立した新興国南スーダン。その平和構築の現場では何が起こり必要とされているのか。前駐在大使が支援の最前線での経験と葛藤を伝える貴重な証言。

ちくま新書

1384 思いつきで世界は進む ――「遠い地平、低い視点」で考えた50のこと　橋本治

「あんな時代もあったね」とでは済まされない怒濤の展開。日本も世界も「思いつき」で進んではいないか？ アナ雪からトランプまで、橋本治、最後の時代診断。

1401 大阪 ――都市の記憶を掘り起こす　加藤政洋

梅田地下街の迷宮、ミナミの賑わい、２０２５年万博の舞台「夢洲」……気鋭の地理学者が街々を歩き、織田作之助らの作品を読み、思考し、この大都市の物語を語る。

1402 感情の正体 ――発達心理学で気持ちをマネジメントする　渡辺弥生

わき起こる怒り、悲しみ、屈辱感、後悔……。悪感情に翻弄されないためにどうすればいいか。友情や公共心を育み、勉強や仕事の能率を上げる最新の研究成果とは。

1414 武器としての世論調査 ――社会をとらえ、未来を変える　三春充希

内閣支持率は西高東低。野党支持は若年層で伸び悩み。世論調査を精緻に見ていけば、この社会の全体像が見えてくる。仕組みの理解から選挙への応用まで！

1419 夫婦幻想 ――子あり、子なし、子の成長後　奥田祥子

愛情と信頼に満ちあふれた夫婦関係は、いまや幻想なのか。不安やリスクを抱えつつも希望を見出そうとして苦闘する夫婦の実態を、綿密な取材に基づいて描き出す。

1420 路地裏で考える ――世界の饒舌さに抵抗する拠点　平川克美

様々なところで限界を迎えている日本。これまでのシステムに背を向け、半径三百メートルで生きていくことを決めた市井の思想家がこれからの生き方を提示する。

1422 教育格差 ――階層・地域・学歴　松岡亮二

親の学歴や居住地域など「生まれ」によって、子どもの学歴・未来は大きく変わる。本書は、就学前から高校まで教育格差を緻密に検証し、採るべき対策を提案する。

ちくま新書

1423
ヒューマンエラーの心理学
一川誠
仕事も勉強も災害避難の判断も宝くじも、直感はもちろん熟考さえも当てにならない。なぜ間違えてしまうのか。錯覚・錯視の不思議から認知バイアスの危険まで。

1428
アフリカを見る アフリカから見る
白戸圭一
もはやアフリカは哀れみの目で「援助」する対象ではない。アフリカ諸国の過去と現在をどうとらえ、日本はどうかかわっていくべきか。篠田英朗氏との対談も収録。

1429
露出する女子、覗き見る女子
――SNSとアプリに現れる新階層
三浦展
天笠邦一
今、格差はスマホの中にあった！ 20―30代女性544人を徹底調査。所得・仕事・結婚による階層間の断絶を、SNSやアプリの利用実態から読み解く。

1433
ソーシャルワーカー
――「身近」を革命する人たち
井手英策／柏木一惠
加藤忠相／中島康晴
悲惨に立ち向かい、身近な社会を変革するソーシャルワーカー。人を雑に扱う社会から決別し、死ぬまで人間らしく生きられる社会へ向けて提言した入魂の書！

1434
ルポ 平成ネット犯罪
渋井哲也
出会い系、自殺系、裏サイト、闇サイトを舞台にした売春、ドラッグ、自殺、いじめ……。リアル世界に飛び出したネット事件を歩き、バーチャル空間の功罪を探る。

1436
教え学ぶ技術
――問いをいかに編集するのか
苅谷剛彦
石澤麻子
オックスフォード大学の教育法がここに再現！ 論理をいかに構築するのか？ 問いはどうすれば磨かれるのか？ 先生と学生との対話からその技術を摑み取れ。

1439
痴漢外来
――性犯罪と闘う科学
原田隆之
痴漢は犯罪であり、同時にその一部は「性的依存症」という病でもある。10年以上にわたり痴漢の治療に携わってきた犯罪心理学者が、その病の実態に迫る。

ちくま新書

1445 コミュニティと都市の未来 ——新しい共生の作法　吉原直樹
多様性を認め、軽やかに移動する人々によるコミュニティはいかにして成立するのか。新しい共生の作法が、既存の都市やコミュニティを変えていく可能性を探る。

1448 年金不安の正体　海老原嗣生
不満につけこみ、不公平を騒ぎ立て、制度が崩壊すると危機感を煽る。不安を利益に変える政治家や評論家、メディアのウソを暴き、問題の本質を明らかにしよう。

1472 山口組の平成史　山之内幸夫
最大組織・山口組。その金・人・活動の実態は平成の31年間でどう変わったのか。元顧問弁護士がバブル期の経済ヤクザから、分裂の現在までを解き明かす。

1484 日本人のためのイスラエル入門　大隅洋
AI、スタートアップ、先端技術……。宗教と伝統が息づく中東の小国はいかにしてイノベーション大国となったのか？　現役外交官がその秘密を語り尽くす！

1489 障害者差別を問いなおす　荒井裕樹
「差別はいけない」。でも、なぜ「いけない」のかを言葉にする時、そこには独特の難しさがある。その理由を探るため差別されてきた人々の声を拾い上げる一冊。

1490 保育園に通えない子どもたち ——「無園児」という闇　可知悠子
保育園にも幼稚園にも通えない「無園児」の家庭に潜む闇を、丹念な研究と取材で明らかにした問題作。NPO法人フローレンス代表、駒崎弘樹氏との対談も収録。

1496 ルポ 技能実習生　澤田晃宏
どのように日本へやってきたか。なぜ失踪者が出るのか。働く彼らの夢や目標と帰国後の生活とは。国際的な人材獲得合戦を取材して、見えてきた労働市場の真実。

ちくま新書

1498
香港と日本
——記憶・表象・アイデンティティ
銭俊華
二〇一九年から続くデモ、中国大陸の同化政策、日本のサブカルチャーの受容や大日本帝国の記憶……香港出身の研究者が香港の現在と「日本」を考察する。

1520
水都　東京
——地形と歴史で読みとく下町・山の手・郊外
陣内秀信
隅田川が流れる下町から、凸凹地形が魅力的な山の手、さらに古代の記憶が随所にみられる郊外まで、川、海、濠、湧水などに着目して、水の都市・東京を描き出す。

1521
ルポ 入管
——絶望の外国人収容施設
平野雄吾
「お前らを日本から追い出すために入管（ここ）があるんだ」。密室で繰り広げられる暴行、監禁、医療放置——。巨大化する国家組織の知られざる実態。

1528
レイシズムとは何か
梁英聖
「日本に人種差別はあるのか」。実は、この疑問自体が差別を生み出しているのだ。「人種」を表面化させず、差別を扇動し、社会を腐敗させるその構造に迫る。

1530
メディア論の名著30
佐藤卓己
広く知られる古典から「読まれざる名著」まで、メディア研究の第一人者ならではの視点で解説。ウェブ時代にあってメディア論を深く知りたい人にとり最適の書！

1535
ヴェーバー入門
——理解社会学の射程
中野敏男
他者の行為の動機を理解し、そこから人間や社会を考える。これがヴェーバー思想の核心だ。主要著作を丹念に読み解き、一貫した論理を導き出す画期的入門書。

1540
飯舘村からの挑戦
——自然との共生をめざして
田尾陽一
コロナ禍の今こそ、自然と共生する暮らしが必要だ。福島県飯舘村の農民と協働し、ボランティアと研究者を結集してふくしま再生の活動をしてきた著者の活動記録。

ちくま新書

1547 ひとはなぜ「認められたい」のか ――承認不安を生きる知恵 山竹伸二
ひとはなぜ「認められないかもしれない」という不安を募らせるのか。承認欲求を認め、そこから自由に生きる心のあり方と、社会における相互ケアの可能性を考える。

1553 アメリカを動かす宗教ナショナリズム 松本佐保
アメリカの人口の3分の1を占める「福音派」とは何か？ 政治、経済、外交にまで影響を与える宗教ロビーの役割を解説。バイデン新大統領誕生の秘密にも迫る。

1558 介助の仕事 ――街で暮らす／を支える 立岩真也
大勢の人が介助を必要としていてもその担い手がいない。どうすればいいのか。介助の仕事のあり方から制度のことまで、利用者にとっても大事なことを語り尽くす。

1562 性風俗サバイバル ――夜の世界の緊急事態 坂爪真吾
デリヘル、ソープなど業態を問わず、危機に直面した性風俗。世間からは煙たがれ、客足は遠のき、公助も望めない中、いかにしのぎ切ったのか、渾身のドキュメント。

1573 日本の農村 ――農村社会学に見る東西南北 細谷昂
二十世紀初頭以来の農村社会学者の記録から、日本各地域の農村のあり方、家と村の歴史を再構成する。日本人が忘れ去ってしまいそうな列島の農村の原風景を探る。

1577 香港危機の700日 全記録 益満雄一郎
大規模な抗議デモに発展した香港の民主化運動。中国共産党は「国家安全法」を導入し、香港は「沈黙の街」と化した。その過程を鮮烈な筆致で描いたドキュメント！

1582 バイアスとは何か 藤田政博
事実や自己、他者をゆがんだかたちで認知する現象、バイアス。それはなぜ起こるのか？ 日常のさまざまな場面で生じるバイアスを紹介し、その緩和策を提示する。

ちくま新書

779 現代美術のキーワード100 暮沢剛巳

時代の思潮や文化との関わりが深い現代美術の世界を、タテ軸（歴史）とヨコ軸（コンセプト）から縦横無尽に読み解く。アートを観る視点が100個増えるキーワード集。

1037 現代のピアニスト30 ——アリアと変奏 青澤隆明

グールド、ポリーニなど大御所から期待の若手まで、気鋭の若手音楽評論家が現代演奏史の中でとらえ直す。間違いなく新定番となるべきピアノ・ガイド。

1121 密教アート入門 真鍋俊照

密教をアートから眺めると、すっきりと本質を理解できる。曼荼羅など視覚美術のみならず、人間の五感に訴えかけて自然と繋がる、秘術の根源がここに明かされる。

1135 ひらく美術 ——地域と人間のつながりを取り戻す 北川フラム

文化で地方を豊かにするためにはどうすればいいのか。約50万人が訪れる「大地の芸術祭　越後妻有アートトリエンナーレ」総合ディレクターによる地域活性化論！

1158 美術館の舞台裏 ——魅せる展覧会を作るには 高橋明也

商業化とグローバル化の波が押し寄せる今、美術館では想像以上のドラマが起きている。展覧会開催から美術品を巡る事件、学芸員の仕事……新しい美術の殿堂の姿！

1252 ロマン派の音楽家たち ——恋と友情と革命の青春譜 中川右介

メンデルスゾーン、ショパン、シューマン、リスト、ワーグナー。ロマン派の巨人の恋愛、友情そして時代の波が絡み合い、新しい音楽が生まれた瞬間を活写する。

1349 いちばんやさしい美術鑑賞 青い日記帳

「わからない」にさようなら！　1年に300以上の展覧会を見るカリスマアートブロガーが目からウロコの美術の楽しみ方を教えます。鑑賞の質が変わる画期的入門書。